电子技能实训

主　编　石　波　李登科

副主编　王　莉　殷　菌　陈天婕　姚声阳

参　编　唐峥嵘　张　敏　刘桂英　唐　甜
　　　　刘航行

主　审　赵争召

机械工业出版社

本书根据教育部最新颁布的《中等职业学校电子技术基础与技能教学大纲》，依照中等职业教育"电子技术基础与技能"课程标准的要求，并参考相关国家职业技能标准编写而成. 本书共分为 3 篇：基础技能篇，主要介绍半导体元器件的识别与检测、其他常用元器件的识别与检测、常用电子仪表的使用；模拟电路篇，主要介绍电源电路、放大电路、运放电路、振荡电路；数字电路篇，主要介绍门电路、计数/译码电路、NE555电路。

本书既可作为职业院校电子技术基础课程的教材，也可作为相关电气技术人员的参考用书。

图书在版编目（CIP）数据

电子技能实训 / 石波，李登科主编. -- 北京：机械工业出版社，2024. 12. -- ISBN 978-7-111-77560-7

Ⅰ. TN

中国国家版本馆 CIP 数据核字第 20253HE941 号

机械工业出版社（北京市百万庄大街 22 号　邮政编码 100037）
策划编辑：王振国　　　　　　责任编辑：王振国　关晓飞
责任校对：贾海霞　丁梦卓　　封面设计：陈　沛
责任印制：李　昂
北京捷迅佳彩印刷有限公司印刷
2025 年 3 月第 1 版第 1 次印刷
184mm×260mm · 11.5 印张 · 279 千字
标准书号：ISBN 978-7-111-77560-7
定价：39.80 元

电话服务　　　　　　　　　　网络服务
客服电话：010-88361066　　　机　工　官　网：www.cmpbook.com
　　　　　010-88379833　　　机　工　官　博：weibo.com/cmp1952
　　　　　010-68326294　　　金　书　网：www.golden-book.com
封底无防伪标均为盗版　　机工教育服务网：www.cmpedu.com

前　言

　　党的二十大明确提出，加快建设国家战略人才力量，努力培养造就更多大师、战略科学家、一流科技领军人才和创新团队、青年科技人才、卓越工程师、大国工匠、高技能人才。本书编写团队贯彻落实党的二十大精神，根据《国家职业教育改革实施方案》《职业院校教材管理办法》《"十四五"职业教育规划教材建设实施方案》等文件要求，依据教育部最新颁布的《中等职业学校电子技术基础与技能教学大纲》，结合重庆市中等职业教育"电子技术基础与技能"课程标准，并参考相关国家职业技能标准编写了本书。本书适用于职业院校电子信息类、自动化类专业课程教学，同时也可作为相关职业技能等级证书培训考核、职业院校技能大赛电子产品设计与应用赛项训练和电子爱好者的指导用书。

　　电子技术是工业、交通、教育、医疗等领域实现数字化、网络化、智能化、无人化的基础学科，是推动新一代信息技术高质量发展的重要技术力量，具有很强的逻辑性、严密性、基础性和可操作性。本书精心设计基础技能篇、模拟电路篇和数字电路篇的 10 个项目、28个任务，涵盖了电子技术基础与技能教学大纲的内容，多角度、多方位、多层次地讲解电子技术知识与技能，注重中、高职贯通人才培养教学内容衔接，体现了以工作过程为导向的编写理念。通过对本书的学习，学生能掌握电子技术领域必备的职业知识，学会职业技能，具备职业精神，为后续专业核心课程的学习打下坚实基础，满足中、高职贯通人才培养的需求。

　　本书在编写时遵循职业教育教学规律和技能人才成长规律，力求符合学生认知特点，并依据职业教育国家教学标准体系，对接职业标准和岗位群能力要求，体现先进职业教育理念。本书具有以下特色：

　　1. 采用"项目+任务"编写体例，体现"四新"特点。编写团队以满足职业岗位群的需要为出发点，采用"项目+任务"的体例构建知识技能体系，将电子技能知识树提炼形成基础技能篇、模拟电路篇、数字电路篇，融入电子技术新知识、新器件、新工艺、新技术，由浅入深、循序渐进，注重应用技能培养，突出做、学、教、评、拓一体化的特点，体现教学实践项目化，实践项目真实化，服务新质生产力高质量发展。

　　2. 对接职业标准和典型岗位，体现"岗课赛证"融通。本书对接家用电子产品维修工职业技能标准、1+X 证书标准、全国职业院校技能大赛电子产品设计与应用赛项规程等要求，将岗位、课程、竞赛、技能证书等元素进行衔接、嵌入、整合，确保课程教学内容与产业发展相适应，实现教学内容与生产工作内容相融通、教学标准与岗位标准相融通，最终使学生具备完成工作任务的知识、技能和素养。

3. 设置学习提示"小栏目",体现能力本位的职教特色。通过对职业岗位群的调查和分析,各任务都列出明确的任务目标与职业素养要求,采用"特别提示""相关知识""实践拓展""任务评价"等小栏目对知识技能、功能电路的实际应用及实践中应注意的问题加以介绍,着重解决课程核心能力培养过程中关键性环节的重点和难点,体现新一代信息技术专业基础课的实践性、开放性和职业性。

4. 教材内容设计突出能力培养,体现新形态教材特点。编者借鉴国内外优秀教材,学习先进的教学经验和教学改革成果,按照"理论以必需、够用为度,突出能力培养"的编写思路,书中内容设计逻辑严谨、梯度明晰,文字表述规范、准确、流畅,图文并茂、形式新颖。本书充分考虑了职业院校的教学实际,注重教学内容的直观性和形象化,精简理论讲解,强化技能训练,避免繁杂的数学推导和理论分析,力求内容简洁、精炼、重点突出。

本书由重庆市特级教师、重庆市技能大师工作室主持人石波任第一主编并负责统稿,李登科任第二主编。编写分工如下:石波、刘航行编写模拟电路篇的项目1、2,李登科、刘桂英、唐甜编写数字电路篇的项目1、2、3,王莉、张敏编写模拟电路篇的项目3、4,殷菌、陈天婕、唐峥嵘编写基础技能篇的项目1、2、3,姚声阳负责全书图片审核优化工作。本书由重庆市中职教学专家工作室主持人、正高级讲师赵争召任主审,他提出了许多宝贵建议,在此表示衷心的感谢!

由于编者水平有限,书中难免有不妥之处,恳请读者批评指正。

编　者

目　录

第1篇　基　础　技　能

项目1　半导体元器件的识别与检测

任务1　二极管的识别与检测

【任务描述】

二极管是一种用半导体材料（硅、锗、硒等）制成的电子器件，具有单向导电性，即只允许电流在一个方向流通。二极管广泛应用于各种电子电路中，可实现整流、检波、限幅、钳位以及稳定电源电压等多种功能。本任务针对二极管的种类、引脚识别及检测等内容展开训练。

【任务目标】

1. 能够绘制二极管的电路符号。
2. 能够识别常用二极管的种类。
3. 能够识别二极管的正、负引脚。
4. 能够使用万用表检测二极管的极性。

【职业素养】

1. 着装规范，安全操作，爱护设备。
2. 任务操作遵规守纪、精益求精。
3. 任务完成后规范整理工作台。

【任务准备】

仪表与元器件清单见表 1-1-1。

表 1-1-1　仪表与元器件清单

仪表	元器件
UT39A+型数字万用表	普通二极管、稳压二极管、发光二极管、光电二极管等数量若干

【任务实施】

知识1 认识二极管

1. 二极管简介

二极管具有单向导电性，即给二极管加上正向偏置电压时二极管导通，给二极管加上反向偏置电压时二极管截止。二极管的结构示意图与电路符号如图1-1-1所示，其文字符号通常用VD或V表示，正负极除可用"+""−"标记外，也可用字母"A""K"表示。

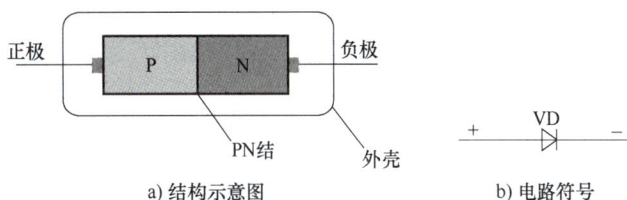

a) 结构示意图   b) 电路符号

图 1-1-1 二极管的结构示意图与电路符号

2. 二极管种类

二极管按功能不同主要有普通二极管、稳压二极管、发光二极管、光电二极管（接收二极管）等，常见二极管的外形（直插式）、电路符号及功能见表1-1-2。

表 1-1-2 常见二极管的外形（直插式）、电路符号及功能

名称	外形（直插式）	电路符号	功能
普通二极管			最常见的二极管,可用于整流
稳压二极管			用于直流稳压
（红外发射）二极管			发射红外线
（红外接收）二极管			接收红外线
发光二极管			用于信号指示,可发出可见光

3. 二极管引脚识别

二极管在使用过程中正负极引脚需正确连接于电路中，如果接反，可能会造成二极管的损坏。常见二极管正负极引脚的识别方法见表1-1-3。

表 1-1-3　常见二极管正负极引脚的识别方法

标志	图例	识别方法
色环	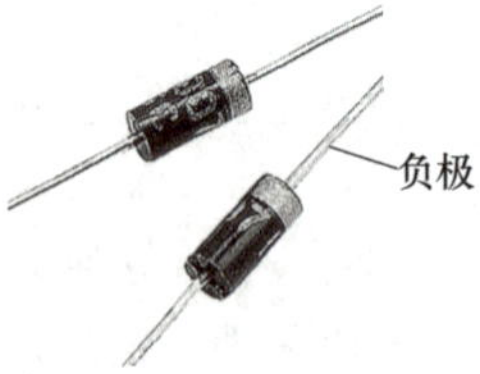 负极	左图所示为直插式普通二极管,色环为银白色,靠近色环一端为二极管的负极
	 负极　　　　负极	左图所示为直插式和贴片式稳压二极管,靠近色环一端为稳压二极管的负极
色条	 负极	左图所示为贴片式普通二极管,靠近色条一端为二极管的负极
"T"字	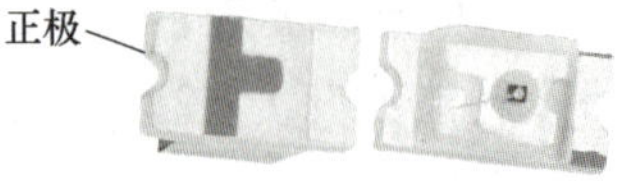 正极	左图所示为贴片式发光二极管,"T"字(绿色)一横的那端为正极
引脚长短	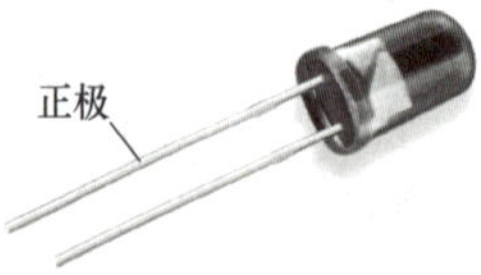 正极	左图所示为直插式发光二极管,长的引脚为正极

■ 活动 1　识别二极管

1)在横线上绘制二极管的电路符号,并标出正负极。

_____

2)观察不同类型的二极管,将它们的名称、电路符号和功能填入表 1-1-4 中。

表 1-1-4　识别二极管种类

序号	名称	电路符号	功能
1			
2			
3			
4			
5			

3)观察不同类型的二极管,将它们的引脚识别标志和识别方法填入表 1-1-5 中。

表 1-1-5 识别二极管引脚

序号	名称	识别标志	识别方法
1	普通二极管（直插式）		
2	普通二极管（贴片式）		
3	发光二极管（直插式）		
4	发光二极管（贴片式）		
5	稳压二极管（直插式）		

■知识 2 二极管极性的检测方法

二极管的正负极引脚还可以通过万用表来检测，检测方法如下：

1）将红表笔插入$\overset{\blacktriangleright\mapsto\;\cdot))\;\;\dashv\vdash}{V\Omega\mu AmA}$插孔，黑表笔插入 COM 插孔。

2）将量程转换开关置于$\blacktriangleright\mapsto\cdot))$测量挡。

3）将红、黑表笔任意连接二极管的两引脚，如图 1-1-2 所示，测量二极管两引脚间电压，万用表屏幕显示 0.2~0.7V 范围内的数值，或显示超量程符号".0L"。

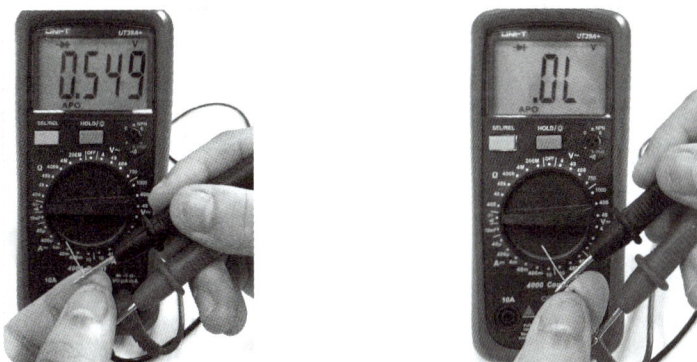

图 1-1-2 二极管极性的检测

4）交换表笔位置再次测量，屏幕显示的内容应与上次相反。则可以确定，测量结果为 0.2~0.7V 范围内的数值时，红表笔连接的是二极管的正极，黑表笔连接的是二极管的负极。

5）检测完毕后，将量程转换开关置于 OFF 挡，整理并清洁工作台。

■活动 2 检测二极管极性

使用 UT39A+型数字万用表检测二极管的正向电压和极性。

1）将红表笔插入＿＿＿＿＿＿＿＿插孔，黑表笔插入＿＿＿＿＿＿＿＿插孔。

A. 10A   B. $\overset{\blacktriangleright\mapsto\;\cdot))\;\;\dashv\vdash}{V\Omega\mu AmA}$ C. COM   D. μAmA

2）将量程转换开关置于＿＿＿＿＿＿＿＿挡位。

A. **V**⎓   B. **V**～   C. $\blacktriangleright\mapsto\cdot))$ D. **hFE**

3）记录检测数据于表 1-1-6 中。

表 1-1-6　二极管检测记录表

项目	普通二极管	稳压二极管	发光二极管（红光）	发光二极管（蓝光）
正向电压				
极性	（　　）	（　　）	（　　）	（　　）

4）检测完毕后，将量程转换开关置于＿＿＿＿＿＿＿＿挡位。

【实践拓展】

由于二极管具有单向导电性，因此可以通过测量出二极管的正、反向电压来判断二极管的好坏。其操作步骤与二极管的极性检测方法一致，赶快动手试一试，然后将检测数据填入表 1-1-7 中。

特别提示：

1）若两次数据均显示为 0，说明二极管已经击穿短路。

2）若测量正、反向电压时都显示超量程符号".0L"，说明二极管内部开路。

表 1-1-7　二极管好坏检测记录表

万用表挡位	正向电压	反向电压	好坏判定结果

【任务评价】

二极管的识别与检测评价表见表 1-1-8。

表 1-1-8　二极管的识别与检测评价表

评价项目	配分	评价标准	评价记录
识别二极管	60 分	1. 能准确绘制二极管的电路符号，图形不规范扣 2 分，正负极标注错误扣 5 分 2. 能熟练对二极管进行分类，每错一处扣 2 分 3. 能正确填写二极管的名称、电路符号、功能，每错一处扣 1 分 4. 能正确识别二极管的正负极引脚，每错一处扣 2 分 5. 能正确描述二极管正负极引脚的识别方法，每错一处扣 2 分	
检测二极管	30 分	1. 能熟练使用万用表，使用不正确、不规范扣 3 分 2. 能正确检测二极管的正向电压，每错一处扣 2 分 3. 能正确使用万用表检测出二极管的极性，每错一处扣 2 分	
职业素养	10 分	1. 遵守实训管理制度、安全操作规范。出现不遵守管理制度、操作不符合安全规范的行为每次扣 5 分，扣完为止 2. 爱惜实训设备和器材，任务完成后清理工位，整理工具设备，关闭实训台电源。设备及工具摆放杂乱扣 2 分，工位未清理扣 2 分，损坏仪器仪表扣 5 分，扣完为止	

任务2 晶体管的识别与检测

【任务描述】

晶体管具有电流放大作用，主要用来控制电流的大小。本任务针对晶体管的引脚和管型的识别与检测、β 值检测等内容展开训练。

【任务目标】

1. 能够绘制晶体管的电路符号。
2. 能够识别常用晶体管的型号。
3. 能够使用万用表检测晶体管的极性。
4. 能够使用万用表检测晶体管的 β 值。

【职业素养】

1. 着装规范，安全操作，爱护设备。
2. 任务操作遵规守纪、精益求精。
3. 任务完成后规范整理工作台。

【任务准备】

仪表与元器件清单见表1-1-9。

表 1-1-9　仪表与元器件清单

仪表	元器件
UT39A+型数字万用表	90 系列晶体管数量若干，8050 和 8550 对管数量若干

【任务实施】

■知识1　认识晶体管

1. 晶体管简介

晶体管是一种电流控制型半导体器件，其作用是把微弱的电信号放大成幅度值较大的电信号。晶体管按材料分有硅管和锗管两种，而每一种又有 NPN 型和 PNP 型两种结构形式。

晶体管的结构示意图与电路符号如图 1-1-3 所示，其文字符号通常用"V"或"VT"等表示。

2. 晶体管引脚和管型的识别方法

在实际使用中，晶体管的 3 个引脚 e、b、c 必须区分清楚，不能混用。各种封装形式的晶体管的 3 个引脚的排列是有一定规律的，可以通过外形进行识别和判断。常见晶体管的引脚和管型识别方法见表 1-1-10。

a) NPN型　　　　　　　　　　　　　　　b) PNP型

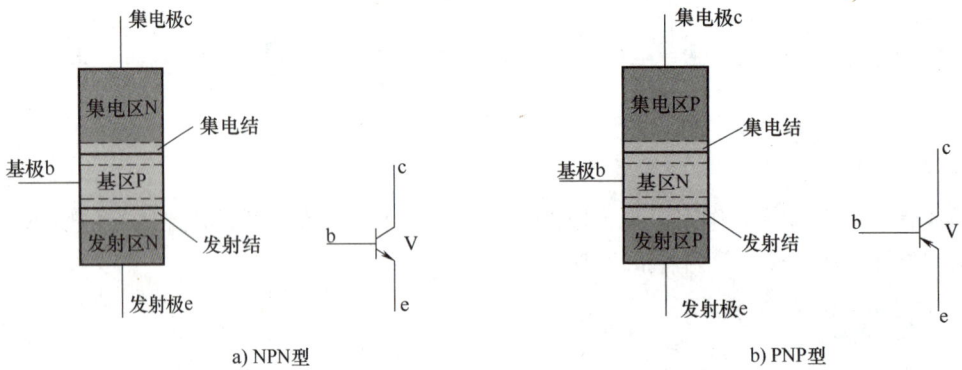

图 1-1-3　晶体管的结构示意图与电路符号

表 1-1-10　常见晶体管的引脚和管型识别方法

引脚排列规律示意图	引脚识别方法	常见型号
	使文字面正对自己，引脚朝下，则 3 个引脚从左至右依次为 e、b、c	90 系列：高频小功率晶体管 9011～9018，除 9012 和 9015 为 PNP 型管，其余均为 NPN 型管
		8050 和 8550：在电路应用中经常作为对管来使用，8050 为硅材料 NPN 型晶体管，8550 为硅材料 PNP 型晶体管

■活动 1　识别晶体管

1）在横线上绘制晶体管的电路符号，标出基极、集电极和发射极。

NPN 型：_____　　　　PNP 型：_____

2）拿出 4 个晶体管，进行外形观察，识别引脚和管型，将识别结果填入表 1-1-11 中。

表 1-1-11　晶体管引脚和管型识别记录表

序号	外形示意图及引脚识别	管型识别
1		
2		
3		
4		

■知识 2 晶体管极性的检测方法

晶体管的引脚和管型还可以利用万用表检测得到，检测方法如下：

1）将红表笔插入 $\overset{\text{▸⊢ ·⑴ ⊣⊦}}{\text{VΩμAmA}}$ 插孔，黑表笔插入 COM 插孔。

2）将量程转换开关置于 ▸⊢ ·⑴) 测量挡。

3）首先用万用表的一支表笔接晶体管其中一个引脚，再用另一支表笔去接其余两个引脚中的任意一个，如图 1-1-4 所示。表笔分别接在不同的引脚之间，共有 6 种接法，直到出现以下某一测试结果：

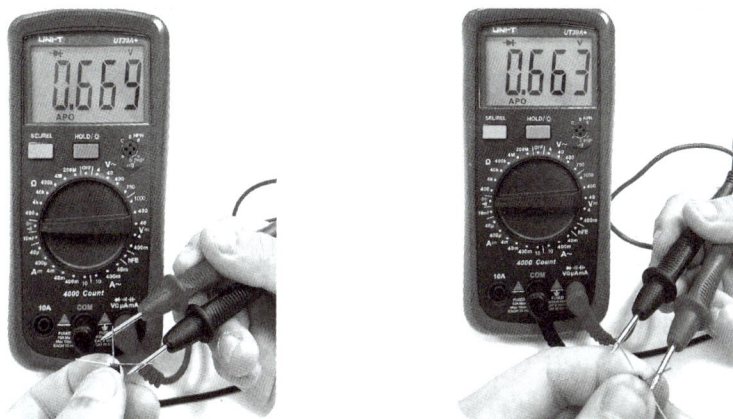

图 1-1-4 晶体管极性的检测

① 如果是红表笔接其中的一个引脚，而用黑表笔接其他两个引脚，测量值都在 0.2 ~ 0.8V 范围内，那么红表笔所接的引脚为晶体管的基极 b，并且晶体管的管型是 NPN 型。另外两个引脚中其中一个引脚的电压稍高，那么此引脚（与黑表笔连接）是晶体管的发射极 e，电压稍低的那个引脚是集电极 c。

② 如果是黑表笔接其中的一个引脚，而用红表笔接其他两个引脚，测量值都在 0.2 ~ 0.8V 范围内，那么黑表笔所接的引脚为晶体管的基极 b，并且晶体管的管型是 PNP 型。另外两个引脚中其中一个引脚的电压稍高，那么此引脚（与红表笔连接）是晶体管的发射极 e，电压稍低的那个引脚是集电极 c。

4）检测完毕后，将量程转换开关置于 OFF 挡，整理并清洁工作台。

■活动 2 检测晶体管的极性

使用 UT39A+型数字万用表检测晶体管的极性。

1）将红表笔插入＿＿＿＿＿＿插孔，黑表笔插入＿＿＿＿＿＿插孔。

A. 10A   B. $\overset{\text{▸⊢ ·⑴ ⊣⊦}}{\text{VΩμAmA}}$ C. COM   D. μAmA

2）将量程转换开关置于＿＿＿＿＿＿挡位。

A. V⎓   B. V~   C. ▸⊢·⑴)   D. hFE

3）记录检测数据于表 1-1-12 中。

表 1-1-12　晶体管检测记录表

项目	90 系列	8050/8550
型号		
管型		
发射结电压		
集电结电压		
引脚排列		

4）检测完毕后，将量程转换开关置于＿＿＿＿＿＿＿＿挡位。

■知识 3　晶体管 β 值的检测方法

使用数字万用表的 hFE 挡可以测量出晶体管的电流放大倍数 β，测量方法如下：

1）将万用表量程转换开关置于 hFE 挡位。

2）观察所测晶体管的型号，确定管型（NPN 型或 PNP 型）。

3）将晶体管的 3 个引脚对应插入万用表的 4 脚测试座中，显示屏上的数值即为被测晶体管 β 值的近似值，如图 1-1-5 所示。

注意：晶体管的电流放大倍数 β 通常是几百，若所测得的数值很小，说明引脚插反了。

图 1-1-5　晶体管 β 值的检测

■活动 3　检测晶体管的 β 值

使用 UT39A+ 型数字万用表检测晶体管的 β 值。

1）将万用表量程转换开关置于＿＿＿＿＿＿＿＿挡位。

A. **V⎓**　　　　　B. **V~**　　　　　C. **⊷•))**　　　　　D. **hFE**

2）将检测结果记录于表 1-1-13 中。

表 1-1-13　晶体管 β 值检测记录表

项目	90 系列	8050/8550
型号		
管型		
β 值		

3）检测完毕后，将量程转换开关置于＿＿＿＿＿＿＿＿挡位。

【实践拓展】

1. 晶体管的好坏检测方法

在已确定晶体管引脚及管型的情况下，可以通过检测晶体管内部两个 PN 结的正、反向电压，来判断晶体管的好坏。晶体管质量合格标准见表 1-1-14。

表 1-1-14　晶体管质量合格标准

测量的引脚	电压类型	硅晶体管的万用表显示	锗晶体管的万用表显示
基极↔发射极 （测发射结电压）	正向电压	0.5~0.8V	0.2~0.3V
	反向电压	.0L	.0L
基极↔集电极 （测集电结电压）	正向电压	0.5~0.8V	0.2~0.3V
	反向电压	.0L	.0L
集电极↔发射极	正向电压	.0L	.0L
	反向电压	.0L	.0L

2. 检测晶体管的好坏

晶体管好坏检测记录表见表 1-1-15。

表 1-1-15　晶体管好坏检测记录表

万用表挡位	基极↔发射极	基极↔集电极	集电极↔发射极	好坏判定结果

【任务评价】

晶体管的识别与检测评价表见表 1-1-16。

表 1-1-16　晶体管的识别与检测评价表

评价项目	配分	评价标准	评价记录
识别晶体管	30分	1. 能准确绘制晶体管的电路符号，不规范扣2分，引脚标注错误扣5分 2. 能通过外形观察识别晶体管的管型，每错一处扣2分 3. 能正确识别晶体管的引脚，每错一处扣2分	
检测晶体管的极性	30分	1. 能熟练使用万用表，使用不正确、不规范扣3分 2. 能正确检测晶体管的发射结电压和集电结电压，每错一处扣2分 3. 能正确检测出晶体管的引脚，每错一处扣2分	
检测晶体管的β值	30分	1. 能熟练使用万用表，使用不正确、不规范扣3分 2. 能正确检测出晶体管β值的近似值，每错一处扣3分	
职业素养	10分	1. 遵守实训管理制度、安全操作规范。出现不遵守管理制度、操作不符合安全规范的行为每次扣5分，扣完为止 2. 爱惜实训设备和器材，任务完成后清理工位。设备及工具摆放杂乱扣2分，工位未清理扣2分，损坏仪器仪表扣5分，扣完为止	

任务3　晶闸管的识别与检测

【任务描述】

　　晶闸管是晶体闸流管的简称，简称可控硅。晶闸管广泛应用于可控整流、交流调压、无触点电子开关、逆变及变频等电路。本任务针对单向/双向晶闸管的引脚识别、极性检测和好坏检测等内容展开训练。

【任务目标】

1. 能够绘制晶闸管的电路符号。
2. 能够识别晶闸管的引脚。
3. 能够使用数字万用表检测单向晶闸管的极性。
4. 能够使用数字万用表检测单向晶闸管的质量好坏。

【职业素养】

1. 着装规范，安全操作，爱护设备。
2. 任务操作遵规守纪、精益求精。
3. 任务完成后规范整理工作台。

【任务准备】

仪表与元器件清单见表1-1-17。

表1-1-17　仪表与元器件清单

仪表	元器件
UT39A+型数字万用表	单向晶闸管、双向晶闸管数量若干

【任务实施】

■知识1　认识单向晶闸管

1. 单向晶闸管简介

单向晶闸管的管芯是由 P 型硅和 N 型硅组成的 PNPN 4 层半导体结构，有 3 个 PN 结，对外有 3 个电极：从第 1 层 P 型半导体引出的电极叫阳极 A，从第 3 层 P 型半导体引出的电极叫门极 G（旧称控制极），从第 4 层 N 型半导体引出的电极叫阴极 K。

单向晶闸管的结构示意图与电路符号如图 1-1-6 所示，其文字符号用"V"或"VT"表示。

2. 单向晶闸管的引脚识别方法

单向晶闸管的引脚识别方法见表1-1-18。

a) 结构示意图　　b) 电路符号

图 1-1-6　单向晶闸管的结构
示意图与电路符号

表1-1-18　单向晶闸管的引脚识别方法

名称	外形	引脚识别方法
单向晶闸管		使文字面朝向自己，3 个引脚垂直朝下，引脚从左至右依次排列为阴极 K、门极 G、阳极 A

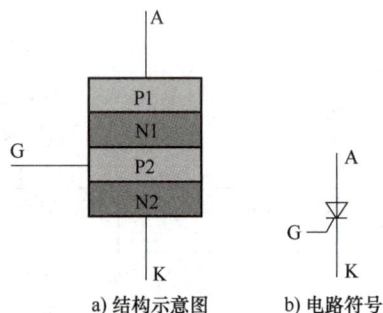

■活动1 识别单向晶闸管

1）单向晶闸管有_____个 PN 结，有_____个电极，分别是_____、_____、_____。

2）在横线上绘制单向晶闸管的电路符号，用字母标出阳极、阴极和门极。

_____

3）拿出 1 个单向晶闸管，观察型号，画出它的外形示意图，然后标出引脚排列方式，最后向组长说出单向晶闸管的引脚识别方法，并将识别结果填入表 1-1-19 中。

表 1-1-19　单向晶闸管引脚识别记录表

型号	外形示意图及引脚识别	评价

■知识2 单向晶闸管极性的检测方法

单向晶闸管像二极管一样具有单向导电性，但它又与二极管不同，其门极电压能触发晶闸管导通，但不能控制它关断，因此，晶闸管是半控型半导体器件。

单向晶闸管极性的检测方法如下：

1）将红表笔插入 $\rightarrowtail\ ^{\bullet)}\vdash$ VΩμAmA 插孔，黑表笔插入 COM 插孔。

2）将量程转换开关置于 $\rightarrowtail\ ^{\bullet)}$ 测量挡。

3）万用表红表笔任意接某个引脚，用黑表笔去接触另外两个引脚，两支表笔分别接不同的引脚，共有 6 种接法。只有 1 次显示测量值在 0.6～0.8V 范围内，其余 5 次显示屏上均显示超量程符号".0L"，那么有电压数值时红表笔连接的是门极 G，黑表笔连接的是阴极 K，余下那个引脚是阳极 A。

4）检测完毕后，将量程转换开关置于 OFF 挡，整理并清洁工作台。

■活动2 检测单向晶闸管的极性

使用 UT39A+型数字万用表检测单向晶闸管的极性。

1）将红表笔插入_____插孔，黑表笔插入_____插孔。

A. 10A　　　　　　B. $\rightarrowtail\ ^{\bullet)}\vdash$ VΩμAmA　　　　　C. COM　　　　　　D. μAmA

2）将量程转换开关置于_____挡位。

A. V⎓　　　　　　B. V～　　　　　　C. $\rightarrowtail\ ^{\bullet)}$　　　　　D. hFE

3）用红、黑表笔测量其中两引脚直到出现电压数值，记录测量值为_____V，此时与红表笔连接的引脚是_____极，与黑表笔连接的引脚是_____极，悬空的引脚是_____极。

4）在下方空白处绘制出单向晶闸管的外形示意图，并标出引脚排列。

5）检测完毕后，将量程转换开关置于_____挡位。

■知识 3　单向晶闸管的好坏检测方法

使用数字万用表可以检测单向晶闸管的好坏，检测方法如下：

1）将红表笔插入 插孔，黑表笔插入 COM 插孔。

2）将量程转换开关置于 测量挡。

3）万用表红表笔接阳极 A，黑表笔接阴极 K，门极 G 悬空，此时晶闸管是关断状态，万用表显示超量程符号 ".0L"。

4）红表笔与阳极 A 保持连接的同时，用红表笔的笔尖去碰触门极 G（阳极与门极短接），相当于是给晶闸管加上了正向触发电压，晶闸管立即导通，万用表显示导通电压值。

5）撤除门极 G 与阳极 A 的短路状态，即红表笔的笔尖离开门极 G，红表笔只与阳极 A 接触，万用表依然显示有电压数值（稍微增大），晶闸管仍维持导通，说明晶闸管具有触发导通能力，其质量和性能是很好的。

6）检测完毕后，将量程转换开关置于 OFF 挡，整理并清洁工作台。

■活动 3　检测单向晶闸管的好坏

使用 UT39A+型数字万用表检测单向晶闸管的好坏。

1）将红表笔插入_____插孔，黑表笔插入_____插孔。

A. 10A　　　　　　B. 　　　　　C. COM　　　　　D. μAmA

2）将量程转换开关置于_____挡位。

A. V=　　　　　　B. V~　　　　　　C. 　　　　D. hFE

3）用红表笔将阳极与门极短接，从而使晶闸管导通，记录电压值为_____ V。

4）红表笔离开门极，只与阳极接触，记录电压值为_____ V，可判断该单向晶闸管的质量是_____。

5）检测完毕后，将量程转换开关置于_____挡位，整理并清洁工作台。

■知识 4　认识双向晶闸管

1. 双向晶闸管简介

双向晶闸管是由 NPNPN 5 层半导体材料制成的，对外也引出 3 个电极（两个主电极 T1、T2 和一个门极 G）。双向晶闸管具有被触发后双向导通的性质，因此在交流开关、交流调压等方面获得了广泛的应用。双向晶闸管的结构示意图与电路符号如图 1-1-7 所示。

2. 双向晶闸管的引脚识别方法

双向晶闸管的引脚识别方法见表 1-1-20。

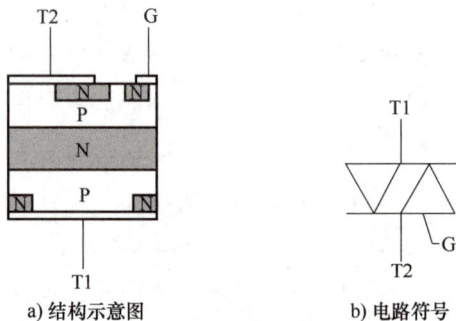

a) 结构示意图　　　　b) 电路符号

图 1-1-7　双向晶闸管的结构示意图与电路符号

表 1-1-20　双向晶闸管的引脚识别方法

名称	外形	引脚识别方法
双向晶闸管		使文字面朝向自己,引脚垂直朝下,则 3 个引脚从左至右依次排列为主电极 T1、门极 G、主电极 T2

■活动 4　识别双向晶闸管

1）在横线上绘制双向晶闸管的电路符号,用字母标出主电极和门极。

2）拿出 1 个双向晶闸管,观察型号,画出它的外形示意图,然后标出引脚排列方式,最后向组长说出双向晶闸管的引脚识别方法,并将识别结果填入表 1-1-21 中。

表 1-1-21　双向晶闸管引脚识别记录表

型号	外形示意图及引脚识别	评价

【任务评价】

晶闸管的识别与检测评价表见表 1-1-22。

表 1-1-22　晶闸管的识别与检测评价表

评价项目	配分	评价标准	评价记录
识别单向晶闸管	20 分	1. 能准确绘制单向晶闸管、双向晶闸管的电路符号,每处不规范扣 1 分,每处引脚标注错误扣 1 分 2. 能正确写出单向晶闸管、双向晶闸管的型号,每错一处扣 1 分 3. 能正确识别单向晶闸管、双向晶闸管的引脚,每错一处扣 1 分 4. 能正确说出单向晶闸管、双向晶闸管的引脚识别方法,每错一处扣 1 分	
检测单向晶闸管的极性	30 分	1. 能熟练使用万用表,使用不正确、不规范扣 3 分 2. 能正确检测单向晶闸管的极性,每错一处扣 1 分	
检测单向晶闸管的好坏	30 分	1. 能熟练使用万用表,使用不正确、不规范扣 3 分 2. 能正确检测单向晶闸管的好坏,每错一处扣 1 分	
识别双向晶闸管	10 分	1. 能正确绘制双向晶闸管的电路符号,错误扣 2 分 2. 能正确识别双向晶闸管的引脚,每错一处扣 2 分	
职业素养	10 分	1. 遵守实训管理制度、安全操作规范。出现不遵守管理制度、操作不符合安全规范的行为每次扣 5 分,扣完为止 2. 爱惜实训设备和器材,任务完成后清理工位。设备及工具摆放杂乱扣 2 分,工位未清理扣 2 分,损坏仪器仪表扣 5 分,扣完为止	

任务 4　集成电路的识别与检测

【任务描述】

　　集成电路是指使用特殊的方法，把一定数量的常用电子元器件，如电阻、电容、晶体管等，以及它们之间的连线，利用半导体制造工艺，集成于一小块半导体（如硅）晶片上，形成的具有特定功能的一组微型电子电路。本任务针对常用集成电路的型号识别和引脚排列顺序识别等内容展开训练。

【任务目标】

　　1. 能够识别常用集成电路的型号。
　　2. 能够识别常用集成电路的引脚顺序。

【职业素养】

　　1. 着装规范，安全操作，爱护设备。
　　2. 任务操作遵规守纪、精益求精。
　　3. 任务完成后规范整理工作台。

【任务准备】

　　本任务需要三端固定式集成稳压器、三端可调式集成稳压器、TTL、CMOS 等各种类型的集成电路数量若干。

【任务实施】

■知识 1　认识集成电路

　　集成电路是一种微型电子器件，它采用一定的工艺将电路设计中需要的晶体管、二极管、电阻和电容等元器件及布线互连在一起，制作在一小块半导体晶片上，然后封装为一个芯片，成为具有某种电路功能的微型结构，如图 1-1-8 所示。

　　集成电路按使用功能主要分为模拟集成电路和数字集成电路两大类别。模拟集成电路主要有集成稳压器、运算放大器、功率放大器及专用集成电路等。数字集成电路最常用的主要有 TTL 和 CMOS 两大系列，TTL 集成电路主要有军用产品

图 1-1-8　集成电路

54 系列和民用产品 74 系列，如 74LS138、74LS10、74H00 等，CMOS 集成电路主要有 4000 系列、54/74HC 系列、54/74HCT 系列和 54/74HCU 系列 4 大类。

　　集成电路的型号通常位于芯片的正面，如图 1-1-9 所示。

图 1-1-9 集成电路的型号

■活动 1 识别集成电路

拿出 5 个集成电路，将型号填入表 1-1-23 中。

表 1-1-23 集成电路型号识别记录表

序号	型号
1	
2	
3	
4	
5	

■知识 2 认识集成稳压器

集成稳压器是将不稳定的直流电压转换成稳定直流电压的集成电路，应用最普遍的是三端式集成稳压器，它主要有三端固定式和三端可调式两种。三端式集成稳压器的特点、外形及引脚顺序见表 1-1-24。

表 1-1-24 三端式集成稳压器的特点、外形及引脚顺序

类型	特点	外形及引脚顺序
三端固定式集成稳压器	三端固定输出集成稳压器的输出电压是固定的,它有输入端、输出端和公共端 3 个出线端子。主要产品有 78 系列(正电源)和 79 系列(负电源),输出电压由具体型号中的后两个数字代表,有 5V、6V、9V、12V、15V、18V 和 24V 等。例如 CW7812 表示输出电压为 12V	
三端可调式集成稳压器	三端可调输出集成稳压器的输出电压是可调的,它有输入端、输出端、电压调整端 3 个出线端子。典型产品 LM/CW117、LM/CW217、LM/CW317 系列为正电压输出,LM/CW137、LM/CW237、LM/CW337 系列为负电压输出	

■活动 2　识别集成稳压器

拿出 4 个集成稳压器，观察型号，识别输出电压，将识别结果填入表 1-1-25 中。

表 1-1-25　集成稳压器识别记录表

类型	型号	输出电压
78 系列		
79 系列		
LM317		
LM337		

■知识 3　集成电路引脚排列顺序识别方法

集成电路在使用时一定要将引脚对号入座，否则会导致集成电路不工作甚至被烧坏。集成电路的引脚排列顺序有一定规律，一般是从外壳顶部往下看，定位标记（缺口、凹坑、凸起、色点、色带、倒角等）置于左侧，左下角为第 1 引脚，然后按逆时针方向依次为第2、3、4……引脚。集成电路引脚排列顺序识别方法见表 1-1-26。

表 1-1-26　集成电路引脚排列顺序识别方法

封装形式	封装标记	引脚排列顺序识别方法
金属圆形	凸起标记 6 7 8　1 2 3	从管顶往下看，自凸起左侧引脚开始沿逆时针方向依次为第 1、2、3……引脚
单列直插	倒角 XXXX 1 ——→ 7	把引脚朝下，面对型号或定位标记，自定位标记所在侧开始，引脚依次为第 1、2、3……引脚
双列直插	HJ940AB ADC0808CCN 28　14　1 LM VT24 324N 14　8　1 2 3　7	将集成电路正面的字母、代号对着自己，使定位标记（凹坑、倒角、缺角、色点或色带等）在左侧，则处于左下方的引脚是第 1 引脚，再按逆时针方向依次便是第 2、3……引脚

（续）

封装形式	封装标记	引脚排列顺序识别方法
双列表面安装	14　LS148　67AS7TM　8　1 2 3　G4　7	将集成电路正面的字母、代号对着自己，使定位标记（凹坑、色点或色带等）在左侧，则处于最左下方的引脚是第1引脚，再按逆时针方向依次便是第2、3……引脚
扁平矩形	25　24　36　RTL8201CP G4A6182 LG16D TAIWAN　13　37　12　48　1	从定位标记（色点或凹坑等）开始逆时针依次计数

需要注意的是：

1）在整个集成电路外壳上无任何识别标记时，一般可将集成电路型号面对自己，正视型号，从左下沿逆时针方向依次为第1、2、3……引脚。

2）当集成电路外壳上有多个标记时，如图 1-1-10 所示，引脚排列顺序识别方法如下：将集成电路引脚朝下，正视型号，左下侧引脚为集成电路的第1引脚，然后按逆时针方向依次是第2、3、4……引脚。

图 1-1-10　集成电路外壳上有多个标记时的引脚排列顺序

■活动3　识别集成电路引脚排列顺序

1）集成电路如图 1-1-11 所示，在括号中填写引脚总数量，然后在图中标出引脚排列顺序，起始编号从1开始。

（　　）个引脚　　　（　　）个引脚　　　（　　）个引脚

图 1-1-11　识别集成电路引脚

2）拿出3个具有不同定位标记的集成电路，观察外形，然后将定位标记、外形示意图及引脚排列顺序等信息记录于表 1-1-27 中。

表 1-1-27　集成电路的定位标记、外形示意图及引脚排列顺序记录表

序号	定位标记	外形示意图及引脚排列顺序
1		
2		
3		

【任务评价】

集成电路识别与检测评价表见表 1-1-28。

表 1-1-28　集成电路识别与检测评价表

评价项目	配分	评价标准	评价记录
识别集成电路	20 分	能正确识别集成电路的型号，每错一处扣 4 分	
识别集成稳压器	30 分	1. 能正确识别集成稳压器的型号，每错一处扣 2 分 2. 能正确识别集成稳压器的输出电压，每错一处扣 2 分	
识别集成电路引脚排列顺序	40 分	1. 能正确识别集成电路的引脚数量，每错一处扣 3 分 2. 能正确标出集成电路的引脚序号，每错一处扣 2 分 3. 能正确识别集成电路的定位标记，每错一处扣 1 分 4. 能正确绘制集成电路的外形示意图并标出引脚序号，每错一处扣 1 分	
职业素养	10 分	1. 遵守实训管理制度、安全操作规范。出现不遵守管理制度、操作不符合安全规范的行为每次扣 5 分，扣完为止 2. 爱惜实训设备和器材，任务完成后清理工位。设备及工具摆放杂乱扣 2 分，工位未清理扣 2 分，损坏仪器仪表扣 5 分，扣完为止	

项目2　其他常用元器件的识别与检测

任务1　常用传感器的识别与检测

【任务描述】

本任务针对光敏电阻、光电二极管、热敏电阻、磁敏电阻、压敏电阻等常用传感器的外形、功能以及好坏检测等内容展开训练。

【任务目标】

1. 能够绘制光敏电阻、热敏电阻等常用传感器的电路符号。
2. 能够识别光敏电阻、热敏电阻等常用传感器的外形。
3. 能够使用万用表检测光敏电阻、热敏电阻等常用传感器。

【职业素养】

1. 着装规范，安全操作，爱护设备。
2. 任务操作遵规守纪、精益求精。
3. 任务完成后规范整理工作台。

【任务准备】

仪表与元器件清单见表1-2-1。

表 1-2-1　仪表与元器件清单

仪表	元器件
UT39A+型数字万用表	光敏电阻、光电二极管、热敏电阻、磁敏电阻、压敏电阻等数量若干

【任务实施】

■知识1　认识光敏电阻

光敏电阻又称光导管，它是一个没有极性的器件，在光线的作用下其阻值往往变小，这种现象称为光电导效应。无光照时，光敏电阻的阻值（暗电阻）很大，电路中电流（暗电流）很小；当光敏电阻受到光照时，阻值（亮电阻）急剧减少，电流会迅速增大。

光敏电阻广泛用于自动照明灯、自动报警等电路中。光敏电阻的实物图和电路符号如图1-2-1所示，文字符号可用 R 或 RL 表示。

图 1-2-1　光敏电阻的实物图和电路符号

■活动1　识别光敏电阻

1）光敏电阻具有＿＿＿＿＿＿＿＿效应。

2）当有光照射到光敏电阻上时，其阻值会＿＿＿＿＿＿＿。

3）在表1-2-2中绘制光敏电阻的电路符号，然后描述其功能。

表 1-2-2　识别光敏电阻

名称	电路符号	功能
光敏电阻		

■知识2　光敏电阻的检测方法

利用光敏电阻的阻值随光照变化而变化这一特性，可用万用表检测它的好坏，检测方法如下：

1）将红表笔插入 $\stackrel{\longrightarrow}{V\Omega\mu AmA}$ 插孔，黑表笔插入 COM 插孔。

2）将量程转换开关置于合适的"Ω"测量挡。

3）测试暗电阻。用遮光物把光敏电阻的受光窗口遮住，将万用表并联到被测光敏电阻上测试暗电阻，然后直接读取阻值，读数方法为：暗电阻测量值＝显示值＋单位。所测暗电阻通常为几兆欧到几十兆欧，如图1-2-2a所示。

4）测试亮电阻。移去遮光物，使光敏电阻的受光窗口接受光线照射，将万用表并联到被测光敏电阻上测试亮电阻，然后直接读取阻值，读数方法为：亮电阻测量值＝显示值＋单位。所测亮电阻通常为几千欧到几十千欧，如图1-2-2b所示。

需要注意的是：

① 若光敏电阻的阻值在有光照和无光照时都无任何变化，则表明该光敏电阻已损坏。

② 亮电阻和暗电阻的阻值相差越大，说明光敏电阻的灵敏度越高；若阻值变化不明显，则表明该光敏电阻灵敏度太差，不能继续使用。

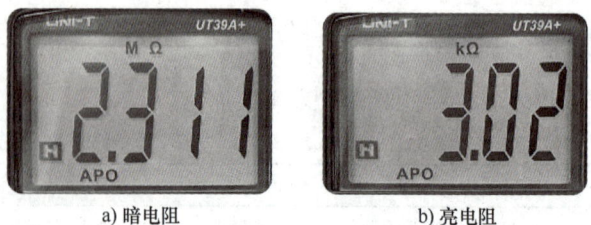

a) 暗电阻　　　　b) 亮电阻

图 1-2-2　检测光敏电阻的暗/亮电阻

5）检测完毕后，将量程转换开关置于 OFF 挡，整理并清洁工作台。

■活动2　检测光敏电阻

使用 UT39A+型数字万用表检测光敏电阻，将检测记录填入表1-2-3中。

表 1-2-3 光敏电阻检测记录表

暗环境		亮环境		好坏判定结果
万用表挡位	暗阻值	万用表挡位	亮阻值	

■知识3 认识光电二极管

光电二极管是利用半导体的光电效应，将光信号转变成电信号的半导体器件。无光照时流过光电二极管的电流（称为暗电流）很小，受到光照时流过光电二极管的电流（称为光电流）明显增大。光电二极管广泛用于烟雾探测器、电视机红外遥控、脉搏探测器等电路中。光电二极管的实物图和电路符号如图1-2-3所示，其文字符号用 VD 表示。

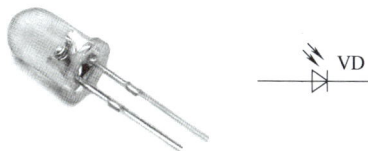

图 1-2-3 光电二极管的
实物图和电路符号

■活动3 识别光电二极管

1）当有光照射到光电二极管上时，其阻值会_____。

2）在表1-2-4中绘制光电二极管的电路符号，然后描述其功能。

表 1-2-4 识别光电二极管

名称	电路符号	功能
光电二极管		

■知识4 光电二极管的检测方法

光电二极管的检测方法与光敏电阻类似，区别在于光电二极管在测亮、暗电阻时需要交换表笔分别测试光电二极管的正反向电阻值，检测方法如下：

1）将红表笔插入 $\overset{\blacktriangleright\!\!|\ \ \dashv\!|\!-}{\text{VΩµAmA}}$ 插孔，黑表笔插入 COM 插孔。

2）将量程转换开关置于合适的"Ω"测量挡。

3）测试暗电阻。用不透光材料遮住光电二极管的光信号接收窗口，将万用表并联到被测光电二极管两端，检测光电二极管在无光照时的正、反向电阻值。光电二极管正常时，正向电阻在 $10\sim20k\Omega$ 之间，反向电阻为∞（无穷大）；若测得正、反向电阻均很小或均为∞，则说明该光电二极管漏电或者开路损坏。

4）测试亮电阻。去掉遮光物，使光电二极管的光信号接收窗口对准光源，检测光电二极管在有光照时的正、反向电阻值。光电二极管正常时，若测得的正、反向电阻相较无光照时均应变小，且阻值变化越大，说明光电二极管的灵敏度越高；若测得的正、反向电阻均无明显变化，说明光电二极管质量有问题。

5）检测完毕后，将量程转换开关置于 OFF 挡，整理并清洁工作台。

■活动4 检测光电二极管

使用 UT39A+型数字万用表检测光电二极管，将检测记录填入表1-2-5中。

表 1-2-5 光电二极管检测记录表

暗环境		亮环境		好坏判定结果
万用表挡位	阻值	万用表挡位	阻值	
	正向电阻：_____		正向电阻：_____	
	反向电阻：_____		反向电阻：_____	

■知识 5 认识热敏电阻

　　热敏电阻是一种对温度敏感的半导体电阻，其阻值随温度变化的曲线呈非线性，分为正温度系数（PTC）热敏电阻和负温度系数（NTC）热敏电阻。PTC 热敏电阻在温度越高时电阻值越大，NTC 热敏电阻在温度越高时电阻值越小。热敏电阻的实物图和电路符号如图 1-2-4 所示，其文字符号用 RT 或 R 表示。

图 1-2-4 热敏电阻的实物图和电路符号

■活动 5 识别热敏电阻

1）PTC 热敏电阻在温度越高时电阻值越_____。

2）在横线上绘制热敏电阻的电路符号。

■知识 6 热敏电阻的检测方法

　　热敏电阻的阻值会随温度变化而变化，利用这一特性可检测热敏电阻的好坏，这里以 PTC 热敏电阻为例进行介绍，检测方法如下：

1）将红表笔插入 VΩμAmA 插孔，黑表笔插入 COM 插孔。

2）将量程转换开关置于"Ω"测量挡。

3）将 PTC 热敏电阻置于常温环境中，选择合适量程测量其常温阻值。

4）用手捏住或者将热敏电阻靠近电烙铁等高温环境，选择合适量程测量环境温度升高之后的阻值。

　　正常情况下，PTC 热敏电阻常温时阻值较小，高温时阻值很大，若两次测量结果无明显变化，说明热敏电阻质量不好或已损坏。

5）检测完毕后，将量程转换开关置于 OFF 挡，整理并清洁工作台。

■活动 6 检测热敏电阻

　　使用 UT39A+ 型数字万用表检测 PTC 热敏电阻，将检测记录填入表 1-2-6 中。

表 1-2-6　PTC 热敏电阻检测记录表

表 1-2-6　PTC 热敏电阻检测记录表

常温下		温度升高后		好坏判定结果
万用表挡位	阻值	万用表挡位	阻值	

■ 知识 7　认识磁敏电阻

磁敏电阻的阻值通常随附加磁场的增加而变大。磁敏电阻广泛用于位移测量、电动机测速等方面。磁敏电阻的实物图及电路符号如图 1-2-5 所示，其文字符号用 RM 或 R 表示。

图 1-2-5　磁敏电阻的实物图及电路符号

■ 活动 7　识别磁敏电阻

1）磁敏电阻的阻值随磁场强度的增大而＿＿＿＿＿＿。

2）在横线上绘制磁敏电阻的电路符号。

■ 知识 8　磁敏电阻的检测方法

利用磁敏电阻阻值随磁场变化而变化这一特性，可检测磁敏电阻的好坏，检测方法如下：

1）将红表笔插入 VΩμAmA 插孔，黑表笔插入 COM 插孔。

2）将量程转换开关置于"Ω"测量挡。

3）将磁敏电阻置于无磁场环境（正常环境）中，选择合适的量程测量阻值，此时阻值较小。

4）然后将一个磁铁靠近磁敏电阻，观察万用表所测阻值的变化情况。

在测试过程中，将磁铁靠近磁敏电阻，若万用表所测阻值发生明显变化，说明磁敏电阻质量好；若万用表所测阻值未发生明显变化，则说明磁敏电阻质量不好或已损坏。

5）检测完毕后，将量程转换开关置于 OFF 挡，整理并清洁工作台。

■ 活动 8　检测磁敏电阻

使用 UT39A+型数字万用表检测磁敏电阻，将检测记录填入表 1-2-7 中。

表 1-2-7　磁敏电阻检测记录表

无磁场环境中		磁场变化时		好坏判定结果
万用表挡位	阻值	万用表挡位	阻值	

■ 知识 9　认识压敏电阻

压敏电阻是一种限压型保护器件，其阻值会随着电压的增加而急剧增大。压敏电阻广泛用于电子设备的雷击防护中。压敏电阻的实物图和电路符号如图 1-2-6 所示，其文字符号用 RV 或 R 表示。

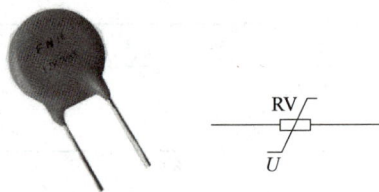

■活动 9　识别压敏电阻

在横线上绘制压敏电阻的电路符号。

图 1-2-6　压敏电阻的实物图和电路符号

_____

■知识 10　压敏电阻的检测方法

压敏电阻好坏的检测方法如下：

1）将红表笔插入 $V\Omega\mu AmA$ 插孔，黑表笔插入 COM 插孔。

2）观察压敏电阻上的标称阻值，将量程转换开关置于合适的"Ω"测量挡。

3）将万用表并联到压敏电阻两端，测量压敏电阻的阻值。若万用表上显示的阻值与压敏电阻的标称阻值接近，说明压敏电阻正常；若二者偏差较大，则说明压敏电阻已经损坏。

4）检测完毕后，将量程转换开关置于 OFF 挡，整理并清洁工作台。

■活动 10　检测压敏电阻

使用 UT39A+型数字万用表检测压敏电阻，将检测记录填入表 1-2-8 中。

表 1-2-8　压敏电阻检测记录表

万用表挡位	标称阻值	测量值	好坏判定结果

【任务评价】

常用传感器的识别与检测评价表见表 1-2-9。

表 1-2-9　常用传感器的识别与检测评价表

评价项目	配分	评价标准	评价记录
识别光敏电阻	8 分	1. 能正确绘制光敏电阻的电路符号，绘制错误扣 2 分 2. 能正确描述光敏电阻的功能，描述错误扣 2 分 3. 能正确填写光敏电阻的特性，每错一处扣 2 分	
检测光敏电阻	10 分	1. 能正确选择万用表挡位，每错一处扣 2 分 2. 能正确使用万用表检测光敏电阻阻值，每错一处扣 2 分 3. 能正确判断光敏电阻的好坏，判断错误扣 2 分	
识别光电二极管	8 分	1. 能正确绘制光电二极管的电路符号，绘制错误扣 4 分 2. 能正确描述光电二极管的功能，描述错误扣 2 分 3. 能正确填写光电二极管的特性，填写错误扣 2 分	
检测光电二极管	10 分	1. 能正确选择万用表挡位，每错一处扣 2 分 2. 能正确使用万用表检测光电二极管阻值，每错一处扣 1 分 3. 能正确判断光电二极管的好坏，判断错误扣 2 分	

（续）

评价项目	配分	评价标准	评价记录
识别热敏电阻	8分	1. 能正确绘制热敏电阻的电路符号,绘制错误扣4分 2. 能正确填写热敏电阻的特性,填写错误扣4分	
检测热敏电阻	10分	1. 能正确选择万用表挡位,每错一处扣2分 2. 能正确使用万用表检测热敏电阻阻值,每错一处扣2分 3. 能正确判断热敏电阻的好坏,判断错误扣2分	
识别磁敏电阻	8分	1. 能正确绘制磁敏电阻的电路符号,绘制错误扣4分 2. 能正确填写磁敏电阻的特性,填写错误扣4分	
检测磁敏电阻	10分	1. 能正确选择万用表挡位,每错一处扣2分 2. 能正确使用万用表检测磁敏电阻阻值,每错一处扣2分 3. 能正确判断磁敏电阻的好坏,判断错误扣2分	
识别压敏电阻	8分	能正确绘制压敏电阻的电路符号,绘制错误扣8分	
检测压敏电阻	10分	1. 能正确选择万用表挡位,选择错误扣2分 2. 能正确识别压敏电阻的标称阻值,识别错误扣2分 3. 能正确使用万用表检测压敏电阻阻值,检测错误扣4分 4. 能正确判断压敏电阻的好坏,判断错误扣2分	
职业素养	10分	1. 遵守实训管理制度、安全操作规范。出现不遵守管理制度、操作不符合安全规范的行为每次扣5分,扣完为止 2. 爱惜实训设备和器材,任务完成后清理工位,整理工具设备,关闭实训台电源。设备及工具摆放杂乱扣2分,工位未清理扣2分,损坏仪器仪表扣5分,扣完为止	

任务2　电源变压器、扬声器、蜂鸣器的识别与检测

【任务描述】

本任务针对电源变压器、扬声器和蜂鸣器的外形、功能以及好坏检测等内容展开训练。

【任务目标】

1. 能够绘制电源变压器、扬声器和蜂鸣器的电路符号。
2. 能够使用万用表检测电源变压器、扬声器和蜂鸣器的好坏。

【职业素养】

1. 着装规范,安全操作,爱护设备。
2. 任务操作遵规守纪、精益求精。
3. 任务完成后规范整理工作台。

【任务准备】

仪表与元器件清单见表1-2-10。

表1-2-10　仪表与元器件清单

仪表	元器件
UT39A+型数字万用表	电源变压器、扬声器、蜂鸣器、1.5V电池数量若干

【任务实施】

知识1　认识电源变压器

电源变压器简称变压器，是一种常用的用来改变交流电压大小的电子元件，通常用于将电网电压转换成低电压或高电压，以满足不同电子设备对电源电压的需求。电源变压器主要由一次绕组、二次绕组和铁心（磁心）等组成，在电路中主要起到电压变换、阻抗变换、隔离、稳压等作用。电源变压器的实物图和电路符号如图1-2-7所示，其文字符号可用T表示。

图1-2-7　电源变压器的实物图和电路符号

电源变压器一次绕组和二次绕组的引线一般都是分别从变压器两侧引出的，并且在变压器外壳铭牌上标注输入端（一次绕组）220V、输出端（二次绕组）12V（或15V、24V等）字样，输入端常用红色引线，输出端常用绿色或蓝色引线，根据这些标识可识别一、二次绕组。

活动1　识别电源变压器

1）在横线上绘制电源变压器的电路符号。

2）拿出一个电源变压器，观察型号，将数据填入表1-2-11中。

表1-2-11　电源变压器型号识别记录表

输入线颜色	输入电压	输出线颜色	输出电压

知识2　电源变压器的检测方法

（1）外观观察　通过观察变压器的外观来检查其是否有明显异常现象，如绕组引线是否断裂、脱焊，绝缘材料是否有烧焦痕迹，绕组是否有外露等。

（2）绝缘性能测试　将万用表的量程转换开关置于"Ω"的测量挡的最大量程"200M"位置，分别测量一次绕组与二次绕组、一次绕组与外壳、二次绕组与外壳之间的绝缘电阻，万用表均应显示超量程符号"0L."。否则说明变压器绝缘性能不良。

（3）绕组通断检测　将万用表的量程转换开关置于电路通断测量挡，若测试绕组时万用表发出蜂鸣声，则说明绕组是正常的，否则说明绕组有断路故障。

■活动2　检测电源变压器

拿出一个电源变压器，使用万用表检测它的好坏，将检测记录填入表1-2-12中。

表1-2-12　电源变压器检测记录表

外观	绝缘电阻	绕组通断
□绕组引脚断裂、脱焊 □绝缘破损 其他情况描述：_____	①一次绕组与二次绕组：_____ ②一次绕组与外壳：_____ ③二次绕组与外壳：_____	①一次绕组：_____ ②二次绕组：_____
好坏判定结果		

■知识3　认识扬声器

扬声器俗称"喇叭"，是一种把电信号转变为声信号的电声换能器件，在可发声的电子电路中都能见到它。常用扬声器的实物图和电路符号如图1-2-8所示，其文字符号用B或BL表示。

图1-2-8　常用扬声器的实物图和电路符号

扬声器背面的接线支架上用"+""−"标注出扬声器的正负极，如图1-2-9所示。

■活动3　识别扬声器

1）在横线上绘制扬声器的电路符号，标出正负极。

图1-2-9　扬声器的正负极

2）拿出一个扬声器，用手指出扬声器的正负极，将极性识别结果填入表 1-2-13 中。

表 1-2-13　扬声器极性识别记录表

名称	极性识别结果
扬声器	

■知识 4　扬声器的检测方法

扬声器的背面通常有一个直接打印或贴上去的铭牌，该铭牌上一般都标有阻抗的大小。使用万用表对图 1-2-10 所示的扬声器进行阻抗检测，判断扬声器的好坏，它的标称阻抗是 8Ω，检测方法如下：

1）将红表笔插入 $V\Omega\mu AmA$ 插孔，黑表笔插入 COM 插孔。

2）将量程转换开关置于"Ω"测量挡的最小量程"400"位置。

3）红、黑表笔分别接触扬声器的正、负极金属部分，观察万用表读数，如图 1-2-11 所示，该扬声器的阻抗测量值为 7.8Ω，与标称阻抗近似相等，说明这个扬声器是正常的。若测得的结果为图 1-2-12 所示显示的超量程符号"0L."，说明扬声器已损坏。

图 1-2-10　扬声器　　　图 1-2-11　扬声器阻抗测量值　　　图 1-2-12　万用表超量程符号

■活动 4　检测扬声器

使用 UT39A+型数字万用表检测扬声器，将检测记录填入表 1-2-14 中。

表 1-2-14　扬声器检测记录表

万用表挡位	标称阻抗	实测阻抗	好坏判定结果

■知识 5　认识蜂鸣器

蜂鸣器是一种一体化结构的电子讯响器，采用直流电压供电。蜂鸣器广泛应用于计算机、打印机、复印机、报警器、电子玩具等电子产品中作发声器件。蜂鸣器根据工作原理可分为无源蜂鸣器和有源蜂鸣器。蜂鸣器的实物图和电路符号如图 1-2-13 所示，其文字符号用 H 或 HA 表示。

有源蜂鸣器的引脚有正负之分，大多数蜂鸣器会在标签上明确标注出正负极。若未标注，可根据蜂鸣器的引脚长短区分出来，其中引脚较长的为正极，较短的为负极，如图 1-2-14 所示。

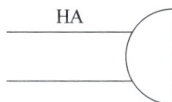

图 1-2-13 蜂鸣器的实物图和电路符号

正极   负极

图 1-2-14 蜂鸣器
极性的识别

■活动5 识别蜂鸣器

1）在横线上绘制蜂鸣器的电路符号。

2）拿出一个蜂鸣器，用手指出蜂鸣器的正负极，将极性识别结果填入表 1-2-15 中。

表 1-2-15 蜂鸣器极性识别记录表

名称	极性识别结果
蜂鸣器	

■知识6 蜂鸣器的检测方法

蜂鸣器的好坏可以通过两种方法进行判断：一是借助万用表检测阻值判断好坏；二是通过给蜂鸣器加上合适的直流电压听声响的方法判断好坏。

1. 无源蜂鸣器施加直流电压听声响判断好坏

检测方法如下：将蜂鸣器的正极引脚和电池的正极接触，蜂鸣器的负极引脚和电池的负极接触，正常情况下可以听到蜂鸣器发出"咯咯"声，若无"咯咯"声，则表明蜂鸣器已损坏。

2. 有源蜂鸣器借助万用表检测阻值判断好坏

检测方法如下：

1）将数字万用表红表笔插入 $\overset{\blacktriangleright|\,\,\cdot))\,\,\cdot|\vdash}{V\Omega\mu AmA}$ 插孔，黑表笔插入 COM 插孔。

2）将量程转换开关置于合适的"Ω"测量挡。

3）将红表笔接触蜂鸣器的正极，黑表笔接触蜂鸣器的负极，万用表显示的数值是蜂鸣器的正向电阻，如图 1-2-15a 所示；交换红黑表笔位置，测量有源蜂鸣器的反向电阻，万用表显示超量程符号"0L."，如图 1-2-15b 所示。

正常情况下，有源蜂鸣器的正向电阻为几兆欧，反向电阻无穷大。

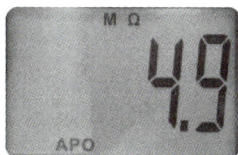

a）正向电阻   b）反向电阻

图 1-2-15 有源蜂鸣器阻值的检测

4）检测完毕后，将量程转换开关置于 OFF 挡，整理并清洁工作台。

■活动 6　检测蜂鸣器

1）使用电池检测无源蜂鸣器的好坏，将检测记录填入表 1-2-16 中。

表 1-2-16　无源蜂鸣器检测记录表

电池电压	蜂鸣器反应	好坏判定结果
	□有声音　　　　□无声音	

2）使用数字万用表检测有源蜂鸣器的好坏，将检测记录填入表 1-2-17 中。

表 1-2-17　有源蜂鸣器检测记录表

万用表挡位	正向电阻测量值	反向电阻测量值	好坏判定结果

【任务评价】

电源变压器、扬声器、蜂鸣器的识别与检测评价表见表 1-2-18。

表 1-2-18　电源变压器、扬声器、蜂鸣器的识别与检测评价表

评价项目	配分	评价标准	评价记录
识别电源变压器	10 分	1. 能正确绘制电源变压器的电路符号，绘制错误扣 2 分 2. 能正确识别电源变压器的型号，每错一处扣 2 分	
检测电源变压器	20 分	1. 能正确对电源变压器进行外观检查，每错一处扣 2 分 2. 能正确使用万用表检测电源变压器的绝缘电阻，每错一处扣 2 分 3. 能正确使用万用表检测电源变压器的绕组通断，每错一处扣 2 分 4. 能正确判断电源变压器的好坏，判断错误扣 4 分	
识别扬声器	10 分	1. 能正确绘制扬声器的电路符号，绘制错误扣 5 分 2. 能正确识别扬声器的正负极，识别错误扣 5 分	
检测扬声器	20 分	1. 能正确选择万用表挡位，选择错误扣 5 分 2. 能正确识别扬声器的标称阻抗，识别错误扣 5 分 3. 能正确使用万用表检测扬声器的阻抗，检测错误扣 5 分 4. 能正确判断扬声器的好坏，判断错误扣 5 分	
识别蜂鸣器	10 分	1. 能正确绘制蜂鸣器的电路符号，绘制错误扣 5 分 2. 能正确识别蜂鸣器的正负极，识别错误扣 5 分	
检测蜂鸣器	20 分	1. 能正确判断无源蜂鸣器的好坏，每错一处扣 3 分 2. 能正确选择万用表挡位，选择错误扣 5 分 3. 能正确使用万用表对有源蜂鸣器的正、反向电阻进行测量，每错一处扣 5 分 4. 能正确判断有源蜂鸣器的好坏，判断错误扣 6 分	
职业素养	10 分	1. 遵守实训管理制度、安全操作规范。出现不遵守管理制度、操作不符合安全规范的行为每次扣 5 分，扣完为止 2. 爱惜实训设备和器材，任务完成后清理工位，整理工具设备，关闭实训台电源。设备及工具摆放杂乱扣 2 分，工位未清理扣 2 分，损坏仪器仪表扣 5 分，扣完为止	

任务3 压电片与驻极体传声器的识别与检测

【任务描述】

本任务针对压电片与驻极体传声器的外形、电路符号、引脚识别和好坏检测等内容展开训练。

【任务目标】

1. 能够绘制压电片、驻极体传声器的电路符号。
2. 能够正确识别压电片、驻极体传声器的极性。
3. 能够使用万用表检测压电片、驻极体传声器的好坏。

【职业素养】

1. 着装规范，安全操作，爱护设备。
2. 任务操作遵规守纪、精益求精。
3. 任务完成后规范整理工作台。

【任务准备】

仪表与元器件清单见表1-2-19。

表1-2-19　仪表与元器件清单

仪表	元器件
UT39A+型数字万用表	压电片、驻极体传声器数量若干

【任务实施】

■知识1　认识压电片

压电片又称压电陶瓷片，是一种电子发声元件。压电片的实物图和电路符号如图1-2-16所示。压电片的结构是在两片铜制圆形电极中间放入压电陶瓷介质材料，当在两片电极上接入高频信号时，压电片会根据信号的大小、频率产生机械振动，从而发出相应的声音。压电片广泛应用于玩具、发声电子表、电动车防盗系统等。

图1-2-16　压电片的实物图和电路符号

■活动1　识别压电片

1）在横线上绘制压电片的电路符号。

2) 在横线上描述压电片的工作原理。

_____

■知识2 压电片的检测方法

将万用表置于直流电压 4V 测量挡，红表笔接压电片正极，黑表笔接压电片负极（压电片的两极没有区分正、负的规定，习惯将压电片的基片称为负极），用小螺丝刀柄轻轻敲击压电片的正极（陶瓷片），若万用表有 1.5V 左右的瞬间电压显示，说明压电片是正常的。

■活动2 检测压电片

使用 UT39A+型数字万用表对压电片进行检测，将检测记录填于表 1-2-20 中。

表 1-2-20 压电片检测记录表

万用表挡位	实验现象	好坏判定结果

■知识3 认识驻极体传声器

驻极体传声器是将声信号转化为电信号的电子器件，与扬声器正好相反。驻极体传声器具有体积小、结构简单、电声性能好、价格低的特点，广泛用于盒式录音机、无线传声器（俗称无线话筒）及声控电路等。驻极体传声器的实物图和电路符号如图 1-2-17 所示。

两端式驻极体传声器有两个引脚，其中与传声器外壳连接的引脚为负极，另一个引脚为正极，如图 1-2-18 所示。

图 1-2-17 驻极体传声器的实物图和电路符号　　图 1-2-18 两端式驻极体传声器的引脚极性识别

■活动3 识别驻极体传声器

1) 在横线上绘制驻极体传声器的电路符号。

_____

2) 观察驻极体传声器的外形，在横线上写出其引脚极性的识别方法。

_____

■知识4 驻极体传声器的检测方法

1. 极性检测

在驻极体传声器内部接有一个二极管，可利用二极管的正、反向电阻特性来判别驻极体传声器的极性和好坏。检测方法如下：

1）将红表笔插入 $\blacktriangleright\!\!\!\dashv$ $\cdot\!\!)\!\!\vdash$ 插孔，黑表笔插入 COM 插孔。

2）将量程转换开关置于"Ω"测量挡的"4k"量程。

3）将红、黑表笔任意连接驻极体传声器两引脚，观察并记录万用表读数；交换表笔再次测量，观察并记录万用表读数，如图1-2-19所示。

4）比较这两次测量结果，阻值较大的那次红表笔连接的是传声器的正极，黑表笔连接的是传声器的负极。

图 1-2-19 万用表的两次读数

正常情况下所测得的两次阻值应是一大一小，若测得的两次结果均为超量程符号"0L."，说明驻极体传声器已损坏。

2. 灵敏度检测

在收录机、电话机等电器中广泛应用到了驻极体传声器，其灵敏度直接影响送话和录放效果。两端式驻极体传声器灵敏度的检测方法如下：

1）将 UT39A+型数字万用表置于"Ω"测量挡的"40k"量程，红表笔连接传声器的正极，黑表笔连接传声器的负极（与传声器外壳连接的引脚）。

2）待万用表显示读数后，用嘴对准传声器正面的入声孔轻轻吹气（吹气速度慢而均匀），边吹边观察万用表读数的变化，传声器的灵敏度越高，万用表读数增长越大；反之，则说明此传声器性能差，不宜使用。

■活动4 检测驻极体传声器

1）使用 UT39A+型数字万用表检测驻极体传声器的极性，将检测记录填入表1-2-21中。

表 1-2-21 驻极体传声器极性检测记录表

万用表挡位	万用表的两次读数	极性判别结果

2）使用 UT39A+型数字万用表检测驻极体传声器的灵敏度，将检测记录填入表1-2-22中。

表 1-2-22 驻极体传声器灵敏度检测检录表

万用表挡位	静态电阻	吹气时的最大电阻	灵敏度判定结果

【任务评价】

压电片与驻极体传声器的识别与检测评价表见表1-2-23。

表 1-2-23　压电片与驻极体传声器的识别与检测评价表

评价项目	配分	评价标准	评价记录
识别压电片	10 分	1. 能正确绘制压电片的电路符号,绘制错误扣 5 分 2. 能正确描述压电片的工作原理,描述错误扣 5 分	
检测压电片	30 分	1. 能正确选择万用表挡位,选择错误扣 5 分 2. 能正确使用万用表检测压电片,每错一处扣 5 分	
识别驻极体传声器	10 分	1. 能正确绘制驻极体传声器的电路符号,绘制错误扣 5 分 2. 能正确识别驻极体传声器的引脚,识别错误扣 5 分	
检测驻极体传声器	40 分	1. 能正确使用万用表检测驻极体传声器的极性,每错一处扣 5 分 2. 能正确使用万用表检测驻极体传声器的灵敏度,每错一处扣 5 分	
职业素养	10 分	1. 遵守实训管理制度、安全操作规范。出现不遵守管理制度、操作不符合安全规范的行为每次扣 5 分,扣完为止 2. 爱惜实训设备和器材,任务完成后清理工位,整理工具设备,关闭实训台电源。设备及工具摆放杂乱扣 2 分,工位未清理扣 2 分,损坏仪器仪表扣 5 分,扣完为止	

任务 4　开关、熔断器、接插件的识别与检测

【任务描述】

本任务针对开关、熔断器、接插件的外形、结构和好坏检测等内容展开训练。

【任务目标】

1. 能够绘制开关、熔断器的电路符号。
2. 能够正确识别开关、熔断器和接插件。
3. 能够使用万用表检测开关、熔断器和接插件的好坏。

【职业素养】

1. 着装规范,安全操作,爱护设备。
2. 任务操作遵规守纪、精益求精。
3. 任务完成后规范整理工作台。

【任务准备】

仪表与元器件清单见表 1-2-24。

表 1-2-24　仪表与元器件清单

仪表	元器件
UT39A+型数字万用表	开关、熔断器、接插件数量若干

【任务实施】

■知识 1 认识开关

开关也叫按键、轻触开关，具有体积小、重量轻、可靠性好、寿命长、无锁等特点，主要用于电气设备的面板和键盘，如计算机、遥控器、空调器、洗衣机等电子产品中。四脚开关的外形及结构示意图如图 1-2-20 所示。

使用时，按下开关上的按钮，开关的两组引脚导通，从而使电路呈现导通状态；撤除外力后，开关的两组引脚不再导通，电路呈现断开状态。由图 1-2-20 可知，四脚开关是一个开关，并不是两个开关并联，一旦损坏，两组引脚都会异常。

开关种类繁多，应用十分广泛，常见开关的类型及实物图见表 1-2-25。

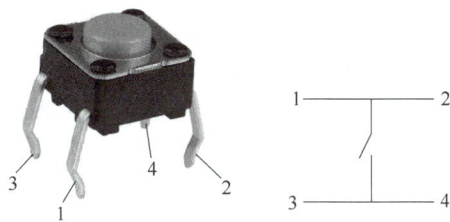

图 1-2-20 四脚开关的外形及结构示意图

表 1-2-25 常见开关类型及实物图

类型	实物图	说明	图形符号
两脚开关		与普通两脚开关使用方法一致。向开关施加外力时两个引脚导通,不施压外力时两个引脚断开	
四脚开关		四脚开关中相距较远的一组引脚是相通的,相距较近的是一组开关,使用时接斜对角的引脚即可	

■活动 1 识别开关

1）在横线上绘制两脚开关和四脚开关的图形符号。

_____

2）说一说开关的动作原理，并在横线上作答。

_____

■知识 2 开关的检测方法

检测开关的性能前，首先用手逐个按动需要检测的开关，应该有明显通断的手感。通断感不明显，或根本按不下去，或按下弹不起来，要检查开关上面的按钮是否有卡滞或损坏。

如果确认开关有问题，应予以更换。

使用万用表检测开关好坏的方法如下：

1）将红表笔插入 ⊬·))·⊩ VΩμAmA 插孔，黑表笔插入 COM 插孔。

2）将量程转换开关置于 ⊬·)) 挡，按下 SEL/REL 按键，切换到电路通断测量挡。

3）红、黑表笔任意测量开关的两个引脚，并比较开关在按下与未按下时的测量结果。

若开关在按下时，万用表发出蜂鸣声，而在松开开关后万用表显示超量程符号"0L."，则说明该组引脚是开关引脚。

若发现无论开关是否被按下，万用表都发出蜂鸣声，则说明该组引脚是相连引脚。

4）比较结果得出结论：开关引脚和相连引脚显示正常，则说明按键正常；若显示不正常，则说明按键损坏。

5）检测完毕后，将量程转换开关置于 OFF 挡，整理并清洁工作台。

■活动 2　检测开关

使用 UT39A+型数字万用表检测两种开关，并将检测记录填入表 1-2-26 中。

表 1-2-26　开关检测记录表

序号	名称	外形示意图	万用表挡位	有无蜂鸣声		好坏判定结果
				按下时	未按下时	
1	两脚开关					
2	四脚开关					

■知识 3　认识熔断器

熔断器俗称保险丝或保险管，广泛应用于各种控制系统以及用电设备中，具有短路保护作用。当电流超过规定值时，熔断器以本身产生的热量使熔丝熔断，从而断开电路，达到保护用电设备的目的。

熔断器种类繁多，图 1-2-21 所示是普通熔断器的实物图和电路符号。它由玻璃管、金属帽和熔丝构成，两个金属帽套在玻璃管两端，熔丝（采用低熔点金属材料制成）装在玻璃管内，其两端分别焊接在两个金属帽的中心孔上。使用时将熔断器装入熔断器座中，与电路串联即可。熔断器属于熔断不可恢复型，熔断后只能更换新的熔断器。

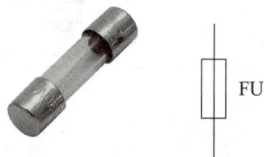

图 1-2-21　普通熔断器的实物图和电路符号

■活动 3　识别熔断器

1）在横线上绘制熔断器的电路符号。

_____

2）熔断器在电路中起到_____作用。

3）普通熔断器主要由_____构成。

4）熔断器在使用时，需要将其_____装入电路。

5）描述熔断器的熔断原理。

■知识 4　熔断器的检测方法

对于普通熔断器而言，熔丝是熔断器的核心部分，在使用前，可用观察法查看其内部熔丝是否熔断、发黑，两端封口是否松动等，若有此类情况，则表明熔断器已损坏。也可使用万用表检测其好坏，检测方法如下：

1）将红表笔插入 $\overline{VΩμAmA}$ 插孔，黑表笔插入 COM 插孔。

2）将量程转换开关置于 ➤➤•)) 挡，按下 SEL/REL 按键，切换到电路通断测量挡。

3）将红、黑表笔分别去接触熔断器的两端金属帽，正常情况下接触瞬间万用表会发出蜂鸣声，若没有蜂鸣声，则说明熔断器已损坏，不宜再使用。

4）检测完毕后，将量程转换开关置于 OFF 挡，整理并清洁工作台。

■活动 4　检测熔断器

使用 UT39A+型数字万用表对普通熔断器进行检测，将检测记录填入表 1-2-27 中。

表 1-2-27　熔断器检测记录表

万用表挡位	实验现象	好坏判定结果

■知识 5　认识接插件

接插件又称连接器，通常由两部分构成，即插件和接件，主要用于电子设备的主机和各部件之间的电气连接，或大功率的分立元件与印制电路板之间的电气连接，以便于整机的组装和维修。理想的接插件应该接触可靠，具有较好的导电性、足够的机械强度、适当的插拔力和很好的绝缘性能等。

接插件种类繁多，外形各不相同，应用十分广泛，其性能好坏直接影响整个电路的工作。常用的接插件包括圆形接插件、矩形接插件、印制板接插件、IC 接插件等，如图 1-2-22 所示。

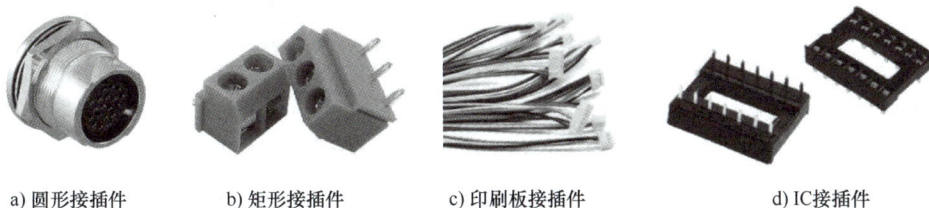

a）圆形接插件　　　b）矩形接插件　　　c）印刷板接插件　　　d）IC接插件

图 1-2-22　常用的接插件

虽然接插件在电路中只起到各部件之间的信号传递作用，相当于导线连接，看似没有极性之分，但对于部分带定位的接插件，在使用过程中应该注意焊接方向，不要装反。

■活动 5　识别接插件

1）接插件在电子设备中起＿＿＿＿＿＿＿＿作用。

2）接插件主要由_____和_____构成。

3）常用的接插件有_____。

■知识 6　接插件的检测方法

使用数字万用表检测接插件的方法如下：

1）将红表笔插入 $\overset{\text{⊷·⊶}\text{⊣⊢}}{V\Omega\mu AmA}$ 插孔，黑表笔插入 COM 插孔。

2）将万用表的量程转换开关置于"Ω"的最小测量挡。

3）将红、黑表笔分别接触接插件的同一根导线的两个端头，正常情况下测得的电阻值应接近于 0Ω，若不为零，则说明该导线有断路故障或接触不良。

4）再将量程转换开关置于"Ω"测量挡，红、黑表笔分别接触接插件的任意两个端头，可测量两个端头的导线之间的绝缘情况。在检测过程中，万用表应显示超量程符号"0L."；如果电阻不是无穷大，则说明两个端头的导线之间绝缘性能差或有局部短路故障，不宜使用。

■活动 6　检测接插件

使用 UT39A+型数字万用表检测矩形接插件和 IC 接插件，将检测记录填入表 1-2-28 中。

表 1-2-28　接插件检测记录表

序号	名称	外形示意图	万用表挡位	阻值	好坏判定结果
1	矩形接插件				
2	IC 接插件				

【任务评价】

开关、熔断器、接插件的识别与检测评价表见表 1-2-29。

表 1-2-29　开关、熔断器、接插件的识别与检测评价表

评价项目	配分	评价标准	评价记录
识别开关	10 分	1. 能正确绘制开关的电路符号，每错一处扣 2 分 2. 能正确填写开关的动作原理，原理错误扣 4 分	
检测开关	20 分	能正确使用万用表检测开关，每错一处扣 2 分	
识别熔断器	10 分	1. 能正确绘制熔断器的电路符号，绘制错误扣 2 分； 2. 能正确填写熔断器的特性，每错一处扣 2 分 3. 能正确描述熔断器的熔断原理，描述错误扣 2 分	
检测熔断器	20 分	能正确使用万用表检测熔断器，每错一处扣 5 分	
识别接插件	10 分	能正确填写接插件的特性，每错一处扣 2 分	
检测接插件	20 分	能正确使用万用表检测常用的接插件，每错一处扣 3 分	
职业素养	10 分	1. 遵守实训管理制度、安全操作规范。出现不遵守管理制度、操作不符合安全规范的行为每次扣 5 分，扣完为止 2. 爱惜实训设备和器材，任务完成后清理工位，整理工具设备，关闭实训台电源。设备及工具摆放杂乱扣 2 分，工位未清理扣 2 分，损坏仪器仪表扣 5 分，扣完为止	

项目3 常用电子仪表的使用

任务1 信号发生器的使用

【任务描述】

信号发生器是一种能提供各种频率、波形和输出电平信号的设备。在测量各种电信系统或电信设备的振幅特性、频率特性、传输特性及其他电参数时，以及测量元器件的特性与参数时，信号发生器用作测试的信号源或激励源。

【任务目标】

1. 能够正确操作信号发生器的面板。
2. 能够正确操作信号发生器输出信号。

【职业素养】

1. 着装规范，安全操作，爱护设备。
2. 任务操作遵规守纪、精益求精。
3. 任务完成后规范整理工作台。

【任务实施】

■活动1 认识信号发生器面板

信号发生器又称信号源或振荡器，在生产实践和科技领域中有着广泛的应用。将各种波形曲线用三角函数方程式来表示，能够产生多种波形，如三角波、锯齿波、矩形波（含方波）、正弦波的电路称为函数信号发生器。

DG1022U 型信号发生器具有操作简单而功能明晰的前面板，其 LCD（液晶显示屏）有3 种界面显示模式：单通道常规模式、单通道图形模式及双通道常规模式。这 3 种显示模式可通过前面板左侧的 View 键切换。用户可通过 CH1/CH2 键切换活动通道，以便于设定每个通道的参数及观察、比较波形。前面板上还有各种功能按键、旋钮及菜单软键，可以进入不同的功能菜单或直接获得特定的功能。图 1-3-1 为 DG1022U 型信号发生器的前面板实物图，其中各按键/旋钮的名称及功能见表 1-3-1。

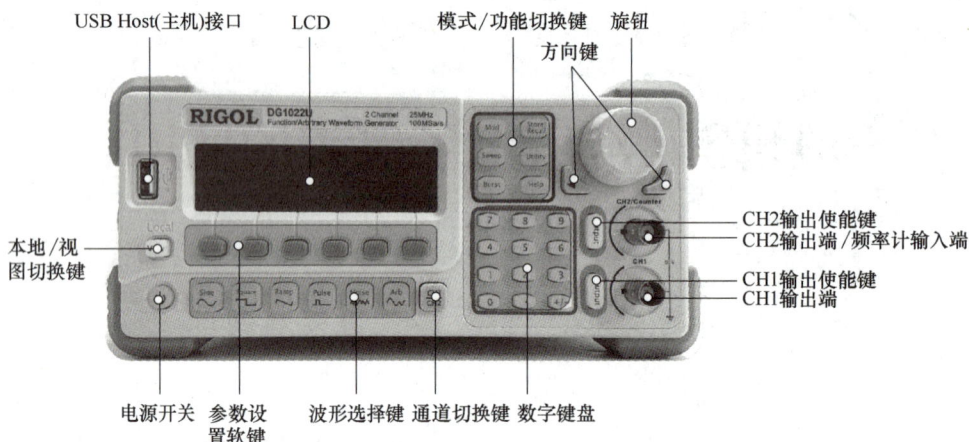

USB Host(主机)接口　　LCD　　模式/功能切换键　旋钮
　　　　　　　　　　　　　　　　　方向键

本地/视
图切换键

CH2输出使能键
CH2输出端/频率计输入端
CH1输出使能键
CH1输出端

电源开关　参数设　波形选择键　通道切换键　数字键盘
　　　　　置软键

图 1-3-1　DG1022U 型信号发生器的前面板实物图

表 1-3-1　DG1022U 型信号发生器前面板上各按键/旋钮的名称及功能

功能区	按键/旋钮的名称	按键/旋钮的功能
模式/ 功能 切换	Mod	使用 Mod 键可输出经过调制的波形，并可以通过改变类型、内调制/外调制、深度、频率、调制波等参数，来改变输出波形
	Sweep	使用 Sweep 键对正弦波、方波、锯齿波或任意波形产生扫描（不允许扫描脉冲、噪声和直流电压）
	Burst	使用 Burst 键可以产生正弦波、方波、锯齿波、脉冲波或任意波形的脉冲串波形输出，噪声只能用于门控脉冲串
	Store/Recall	使用 Store/Recall 键存储或调出波形数据和配置信息
	Utility	使用 Utility 键可以设置同步输出开/关、输出参数、通道耦合、通道复制、频率计测量，查看接口设置、系统设置信息，执行仪器自检和校准等操作
	Help	使用 Help 键查看帮助信息列表
波形 设置	View	使用 View 键切换视图，使波形显示在单通道常规模式、单通道图形模式、双通道常规模式之间切换。此外，当仪器处于远程模式时，按下该键可以切换到本地模式
	CH1/CH2	使用 CH1/CH2 键可以切换通道，还可对当前选中的通道可以进行参数设置。在常规和图形模式下均可以进行通道切换，以便用户观察和比较两通道中的波形
	参数设置软键	屏幕下方参数对应相应的软键。每种波形需要设置的参数不一样，有的对应两种参数，可通过按相应软键进行切换
	Sine	使用 Sine 键，波形图标变为正弦波信号，并在状态区左侧出现"Sine"字样。通过设置频率/周期、幅值/高电平、偏移/低电平、相位，可以得到不同参数值的正弦波
	Square	使用 Square 键，波形图标变为方波信号，并在状态区左侧出现"Square"字样。通过设置频率/周期、幅值/高电平、偏移/低电平、占空比、相位，可以得到不同参数值的方波
	Ramp	使用 Ramp 键，波形图标变为锯齿波信号，并在状态区左侧出现"Ramp"字样。通过设置频率/周期、幅值/高电平、偏移/低电平、对称性、相位，可以得到不同参数值的锯齿波

（续）

功能区	按键/旋钮的名称	按键/旋钮的功能
波形设置	Pulse	使用 Pulse 键，波形图标变为脉冲波信号，并在状态区左侧出现"Pulse"字样。通过设置频率/周期、幅值/高电平、偏移/低电平、脉宽/占空比、延时，可以得到不同参数值的脉冲波
	Noise	使用 Noise 键，波形图标变为噪声信号，并在状态区左侧出现"Noise"字样。通过设置幅值/高电平、偏移/低电平，可以得到不同参数值的噪声信号
	Arb	使用 Arb 键，波形图标变为任意波信号，并在状态区左侧出现"Arb"字样。通过设置频率/周期、幅值/高电平、偏移/低电平、相位，可以得到不同参数值的任意波信号
数字输入设置	方向键	用于切换数值的数位、任意波文件/设置文件的存储位置
	旋钮	可用于改变数值大小。在 0~9 范围内改变某一数值大小时，顺时针转一格数值加1，逆时针转一格数值减1。当参数需要连续递增或递减时使用旋钮调节更方便、准确。旋钮还可用于切换内建波形种类、任意波文件/设置文件的存储位置、文件名输入字符
	数字键盘	直接输入需要的数值，以改变参数大小
输出设置	CH1 通道的 Output 键	按下此键开启 CH1 通道输出信号且键灯被点亮，双通道图形显示模式下相应通道显示"ON"。再按此键关闭
	CH2 通道的 Output 键	按下此键开启 CH2 通道输出信号且键灯被点亮，双通道图形显示模式下相应通道显示"ON"。再按此键关闭

■活动2　使用信号发生器输出单通道波形

操作方法如下：

1）按下 CH1/CH2 键，选择输出通道。

2）按下相应波形选择键，选择所需波形。

3）依次按下 LCD 下面对应的参数设置软键，设置所需波形的参数。

4）按下相应通道的 Output 键。

例：使用 DG1022U 型信号发生器 CH1 通道输出一个频率为 5kHz、幅值为"2Vpp"的正弦波信号，操作步骤见表 1-3-2。

表 1-3-2　信号发生器输出单通道波形的操作步骤

序号	操作步骤	操作说明
1	连接输出线	将 BNC-鳄鱼夹线连接到 CH1 输出端
2	打开电源	按下电源开关
3	选择通道	按 CH1/CH2 键，使屏幕右上角显示为 CH1
4	选择波形	按 Sine 键，使之点亮。在单通道常规模式下，在屏幕下方显示正弦波的操作菜单，左上角显示当前波形的名称
5	设置频率值	按频率/周期软键切换，软键菜单频率反色显示。使用数字键盘输入"5"，选择单位"kHz"，设置频率为 5kHz
6	设置幅值	按幅值/高电平软键切换，软键菜单幅值反色显示。使用数字键盘输入"2"，选择单位"Vpp"，则可设置幅值为"2Vpp"
7	设置输出	按下 CH1 通道的 Output 键，使之点亮
8	整理	关闭仪器电源，取下信号输出线，收拾好实训台

■ 活 动 3　使用信号发生器输出双通道波形

操作方法如下：

1）连线输出线。

2）选择通道1，设置参数，打开输出。

3）选择通道2，设置参数，打开输出。

4）整理。

例：使用 DG1022U 型信号发生器 CH1 通道输出频率为 500MHz、幅值为"4Vpp"的锯齿波信号，CH2 通道输出频率为 1kHz、幅值为"5Vpp"、占空比为 30% 的矩形波信号，操作步骤见表 1-3-3。

表 1-3-3　信号发生器输出双通道波形的操作步骤

序号	操作步骤	操作说明
1	连接输出线	将两根 BNC-鳄鱼夹线分别连接到 CH1、CH2 输出端
2	选择通道	按 CH1/CH2 键，使屏幕右上角显示为 CH1
3	选择波形	按下并点亮 Ramp 键
4	设置参数	设置频率为 500MHz、幅值为"4Vpp"
5	设置输出	按下 CH1 通道的 Output 键，使之点亮
6	选择通道	按 CH1/CH2 键，使屏幕右上角显示为 CH2
7	选择波形	按下并点亮 Square 键
8	设置参数	设置频率为 1kHz、幅值为"5Vpp"、占空比为 30%
9	设置输出	按下 CH2 通道的 Output 键，使之点亮
10	整理	关闭仪器电源，取下信号输出线，收拾好实训台

■ 活 动 4　使用信号发生器的频率计测量

操作方法如下：

1）先按 Utility 键进入相应菜单，选择频率计进入频率计测量工作模式（此时通道 2 对应的输出端禁用，直到关闭频率计）。

2）按下"自动"软键，系统自动设置耦合方式为"AC 耦合"，调整触发电平和灵敏度，直到读数显示稳定为止。

3）系统默认情况下，测量结果显示为频率值，可以按下相应软键查看周期、占空比、正脉宽、负脉宽等。

例：使用 DG1022U 型信号发生器 CH2 通道的频率计测量 CH1 通道输出的信号，操作步骤见表 1-3-4。

表 1-3-4　使用信号发生器频率计测量的操作步骤

序号	操作步骤	操作说明
1	连接线缆	将 BNC 同轴线缆对接 CH1 通道和 CH2 通道
2	选择 CH1	打开 CH1 通道
3	设置 CH1	正弦波，频率为 500Hz，幅值为"3Vpp"

（续）

序号	操作步骤	操作说明
4	打开 CH1 输出	按下 CH1 输出使能键
5	打开 Utility 菜单	按 Utility 键进入相应菜单
6	开启频率计	选择频率计进入频率计测量工作模式(此时通道 2 对应的输出端禁用,直到关闭频率计)
7	测量设置	自动测量模式:按下"自动"软键,系统自动设置耦合方式为"AC 耦合",调整触发电平和灵敏度,直到读数显示稳定为止
8	测量结果查看	系统默认情况下,测量结果显示为频率值,可以按下相应软键查看周期、占空比、正脉宽、负脉宽等

【任务评价】

信号发生器的使用评价表见表 1-3-5。

表 1-3-5 信号发生器的使用评价表

评价项目	配分	评价标准	评价记录
认识信号发生器面板	20 分	1. 能正确说出各按键/旋钮的名称及功能,每错一个扣 2 分 2. 能正确说出各波形的设置参数,每错一个扣 2 分 3. 能正确说出三种数字输入设置方法,每错一个扣 2 分	
使用信号发生器输出单通道波形	20 分	1. 能正确选择通道,选择错误扣 5 分 2. 能正确选择波形,选择错误扣 5 分 3. 能通过软键正确设置波形参数,每错一个扣 2 分 4. 设置输出,设置错误扣 5 分	
使用信号发生器输出双通道波形	30 分	1. 能正确选择两个通道,选择错误扣 5 分 2. 能正确设置通道 1 的波形参数,每错一个扣 5 分 3. 能正确设置通道 2 的波形参数,每错一个扣 5 分 4. 设置输出,设置错误扣 5 分	
使用信号发生器的频率计测量	20 分	1. 能正确接线,接线错误扣 5 分 2. 能正确开启频率计,步骤错误扣 5 分 3. 能正确进行测量设置,设置错误扣 5 分 4. 能正确查看测量结果,结果错误扣 5 分	
职业素养	10 分	1. 遵守实训管理制度、安全操作规范。出现不遵守管理制度、操作不符合安全规范的行为每次扣 5 分,扣完为止 2. 爱惜实训设备和器材,任务完成后清理工位,整理工具设备,关闭实训台电源。设备及工具摆放杂乱扣 2 分,工位未清理扣 2 分,损坏仪器仪表扣 5 分,扣完为止	

任务2 数字示波器的使用

【任务描述】

示波器是一种应用广泛的电子测量仪器,其主要功能是对电压信号进行波形观测,同时也可以进行峰峰值、频率、相位、占空比等参数的测量。示波器的种类很多,主要可以分为两大类:模拟示波器和数字示波器。数字示波器由于具备测量精度高、智能化程度高、使用方便等优点,得到越来越广泛的应用。

【任务目标】

1. 熟记使用数字示波器的职业素养要求及安全文明知识。
2. 熟记数字示波器的主要参数并熟悉其面板结构。
3. 能够使用数字示波器测量信号并正确读取波形参数。

【职业素养】

1. 着装规范,安全操作,爱护设备。
2. 任务操作遵规守纪、精益求精。
3. 任务完成后规范整理工作台。

【任务实施】

■活动1 认识数字示波器面板

DS1072E-EDU 型数字示波器是一款学校常用的示波器,本任务以它为例。DS1072E-EDU 型数字示波器前面板上包括多功能旋钮、功能菜单区、运行控制区、垂直控制区和水平控制区等。其前面板结构如图 1-3-2 所示,后面板结构如图 1-3-3 所示。

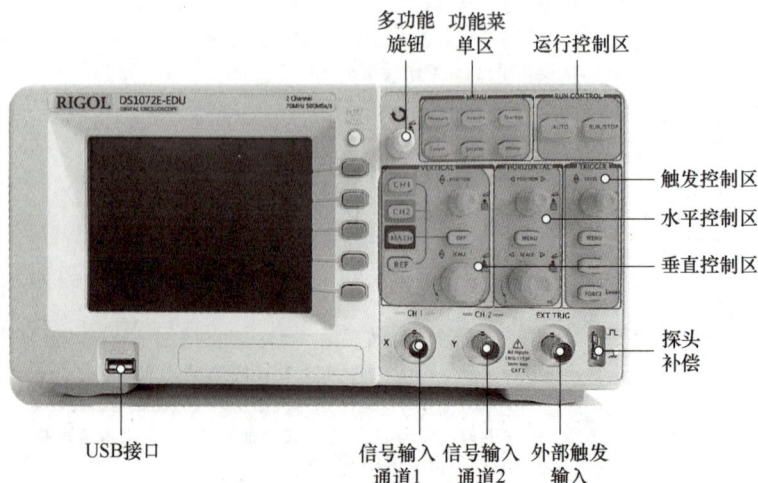

图 1-3-2 DS1072E-EDU 型数字示波器的前面板结构

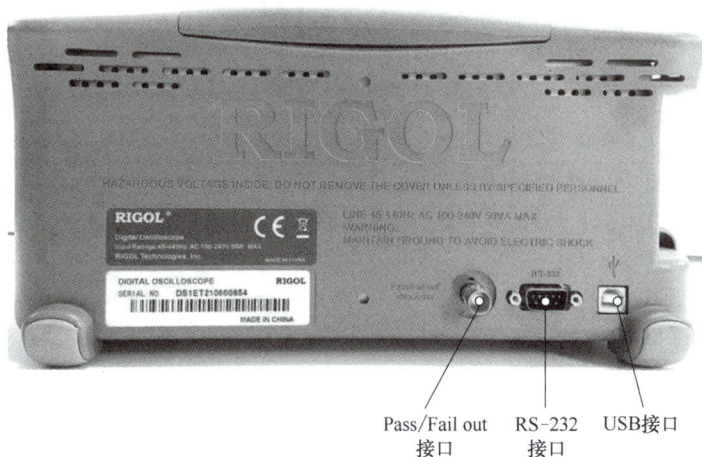

图 1-3-3　DS1072E-EDU 型数字示波器的后面板结构

1. 运行控制区

DS1072E-EDU 型数字示波器的运行控制区主要有自动设置键和运行/停止键，各按键的功能见表 1-3-6。

表 1-3-6　DS1072E-EDU 型数字示波器运行控制区按键的名称及功能

按键图标	按键名称	功能
AUTO	自动设置键	按下此键,示波器将自动设置各项控制参数,迅速显示适宜观察的波形
RUN/STOP	运行/停止键	当此键亮绿光时,显示屏正常动态显示波形;当此键亮红光时,显示屏上的波形变成静止不动,方便观测波形

2. 功能菜单区

DS1072E-EDU 型数字示波器功能菜单区主要包含自动测量键、采样设置键等 6 个按键，各按键的功能见表 1-3-7。

表 1-3-7　DS1072E-EDU 型数字示波器功能菜单区按键的名称及功能

按键图标	按键名称	功能
Measure	自动测量键	利用此键可对通道内电压信号的峰峰值,最大、最小值,频率,周期,占空比,正、负脉宽等参数进行自动测量
Acquire	采样设置键	按下此键可弹出采样设置菜单,通过菜单控制按钮可调整波形采样方式
Storage	存储功能键	可利用此键将电压信号波形以位图的形式通过 USB 接口存储到外部存储设备中
Cursor	光标测量键	可利用此键通过光标模式来完成对电压信号参数的测量
Display	显示系统设置键	按下此键可弹出显示系统设置菜单,通过菜单控制按键可调整波形显示方式
Utility	辅助系统设置键	可利用此键弹出辅助系统设置菜单,进行接口设置、打开/关闭按键声音、打开/关闭频率计、语言设置等

3. 垂直控制区

DS1072E-EDU 型数字示波器提供双通道输入，每个通道都有独立的垂直菜单，每个项目都按不同的通道单独设置。其垂直控制区按键/旋钮的名称及功能见表 1-3-8。

表 1-3-8　DS1072E-EDU 型数字示波器垂直控制区按键/旋钮的名称及功能

按键/旋钮图标	按键/旋钮名称	功能
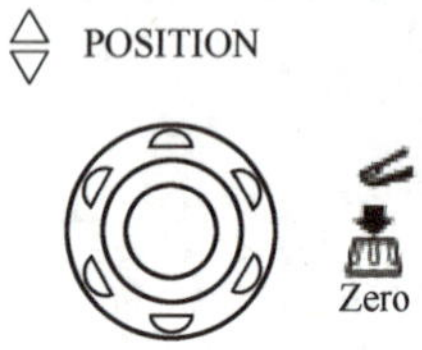 POSITION / Zero	垂直位置调节旋钮	调整被选定通道波形的垂直位置。按下此旋钮可使波形显示位置恢复到零点
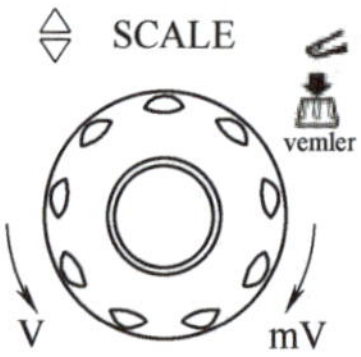 SCALE / vernier / V mV	垂直坐标刻度调节旋钮	调节显示屏垂直坐标每格刻度的电压值：①在此旋钮为弹出状态时旋转此旋钮进行粗调；②按下此旋钮后再旋转则为细调。显示屏下方位置分别以黄、蓝两种颜色显示通道 1、2 垂直坐标每格刻度的电压值
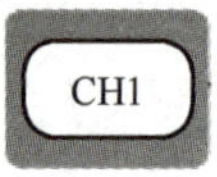 CH1	通道 1 设置菜单键	按一下 CH1 键，在显示屏右侧会弹出通道 1 设置菜单（见下图），可对通道 1 的"耦合"（耦合方式）、"探头"（探头衰减倍率）和"反相"（波形反相功能）等项目进行设置。此外，按一下此键后，即选定通道 1 波形，可对该波形进行垂直坐标刻度调节和垂直位置调节。连续按两次此键，此键黄灯熄灭，表示通道 1 关闭，此时显示屏上不显示通道 1 波形 
 CH2	通道 2 设置菜单键	功能同通道 1 设置菜单键

（续）

按键/旋钮图标	按键/旋钮名称	功能
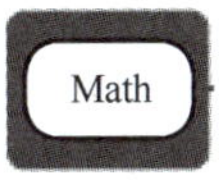Math	数学运算键	按下此键可显示CH1、CH2通道波形相加、相减、相乘以及FFT运算的结果，见下图。数学运算的结果可通过栅格或游标进行测量 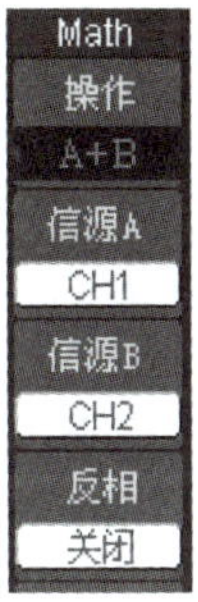Math 操作 A+B 信源A CH1 信源B CH2 反相 关闭
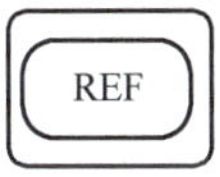REF	参考键	按下此键系统将显示相应功能的操作菜单，见下图 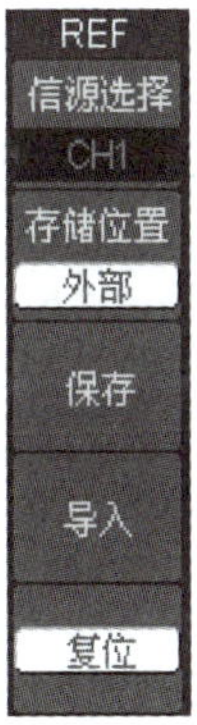REF 信源选择 CH1 存储位置 外部 保存 导入 复位
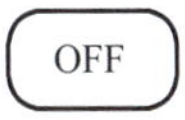OFF	通道关闭键	先选定某通道波形，再按此键，即可关闭此通道

4. 水平控制区

DS1072E-EDU型数字示波器水平系统设置可改变仪器的水平刻度、主时基或延迟扫描（Delayed）时基，调整触发在内存中的水平位置及通道波形（包括数学运算）的水平位置，也可显示仪器的采样率。其水平控制区按键/旋钮的名称及功能见表1-3-9。

表1-3-9 DS1072E-EDU型数字示波器水平控制区按键/旋钮的名称及功能

按键/旋钮图标	按键/旋钮名称	功能
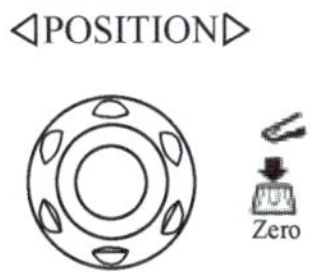◁POSITION▷ Zero	水平位置调节旋钮	调整两个通道波形的水平位置。按下此旋钮可使触发位置立即回到显示屏中心
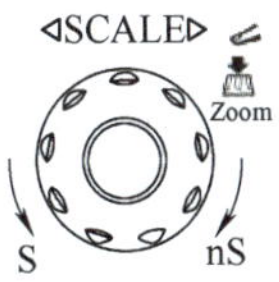◁SCALE▷ Zoom S nS	水平坐标刻度调节旋钮	调节显示屏水平坐标每格刻度的时间值。显示屏下方位置以白色显示两通道水平坐标每格刻度的时间值。按下此旋钮后，示波器切换为延迟扫描状态

（续）

按键/旋钮图标	按键/旋钮名称	功能
MENU	水平设置菜单键	按一下此键，在显示屏右侧会弹出水平设置菜单（见下图），可对"时基"（显示屏坐标系）、"延迟扫描"等项目进行设置 

5. 触发控制区

触发决定了示波器何时开始采集数据和显示波形。一旦触发被正确设定，它可以将不稳定的显示转换成有意义的波形。DS1072E-EDU 型数字示波器触发控制区包含 4 个按键，各按键的名称及功能见表 1-3-10。

表 1-3-10　DS1072E-EDU 型数字示波器触发控制区按键的名称及功能

按键图标	按键名称	功能
 LEVEL Zero	触发电平调节旋钮	调节触发电平。旋转此旋钮，可发现显示屏上出现一条橘黄色的触发电平线随此旋钮的转动而上下移动。移动此线，使之与触发信号波形相交，则可使波形稳定。按一下此旋钮，可迅速令触发电平恢复到零
MENU	触发设置菜单键	按一下此键，在显示屏右侧会弹出触发设置菜单（见下图），可对"触发模式"和"信源选择"（触发信号选择）等项目进行设置 
50%	中点触发键	按一下此键，可迅速将触发电平设定在触发信号幅值的垂直中点。利用此键可较方便地选好触发电平，使波形稳定下来

（续）

按键图标	按键名称	功能
FORCE Local	强制触发键	按此键会强制产生一个触发信号,主要应用于触发方式中的普通模式和单次模式

6. 输入输出区

DS1072E-EDU 型数字示波器输入输出区主要包括 7 个部分，各部分的名称及功能见表 1-3-11。

表 1-3-11　DS1072E-EDU 型数字示波器输入输出区各部分的名称及功能

图标	名称	功能
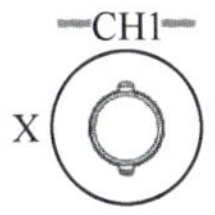 CH1 X	电压信号输入通道 1	将电压信号输入通道 1
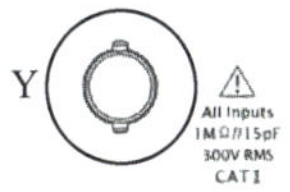 Y All Inputs 1MΩ//15pF 500V RMS CAT I	电压信号输入通道 2	将电压信号输入通道 2
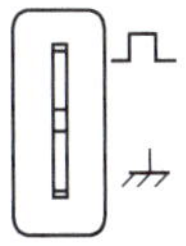 （探头补偿器图标）	探头补偿器	输出一个频率为 1kHz、峰峰值为 3V 的方波
 MENU ON/OFF	显示屏菜单开启／关闭键	控制显示屏右侧菜单的打开或关闭
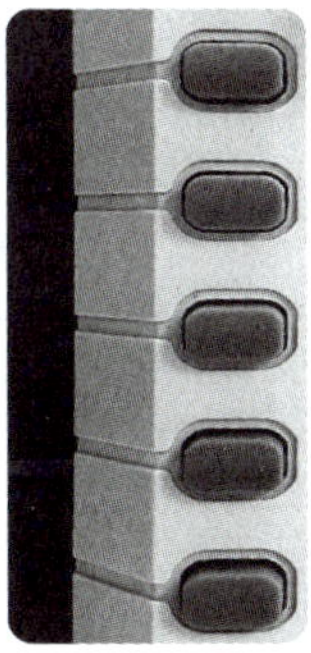 （显示屏菜单操作键图标）	显示屏菜单操作键	纵向排列于显示屏右侧边框上的 5 个蓝灰色键(见下图),通常将这 5 个键从上到下依次编号为 1、2、3、4、5 号。通过此 5 键可对显示屏右侧菜单的各项进行选择操作。连续按压某个操作键,可在对应项目下令选择光标在不同选项上移动,使选择光标在某选项上停留几秒后即选定此项 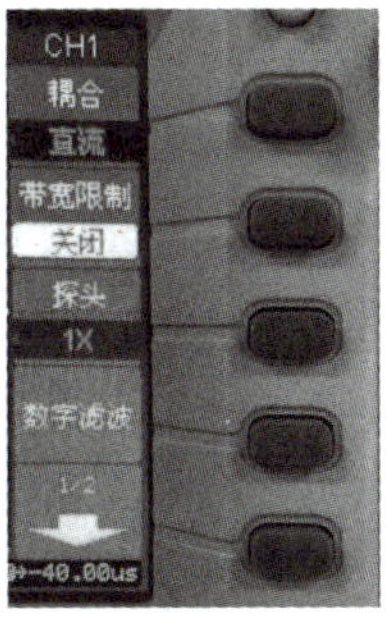

（续）

图标	名称	功能
	多功能旋钮	1. 配合显示屏菜单操作键对菜单各项进行选择操作。旋转此旋钮使选择光标在不同选项上滚动，按下此旋钮来选定 2. 在未指定任何功能时，旋转此旋钮可调节显示屏中波形的亮度
	电源开关键	用于开/关仪表电源。此键在仪器的顶端

7. 显示界面

DS1072E-EDU 型数字示波器的显示界面如图 1-3-4 所示。

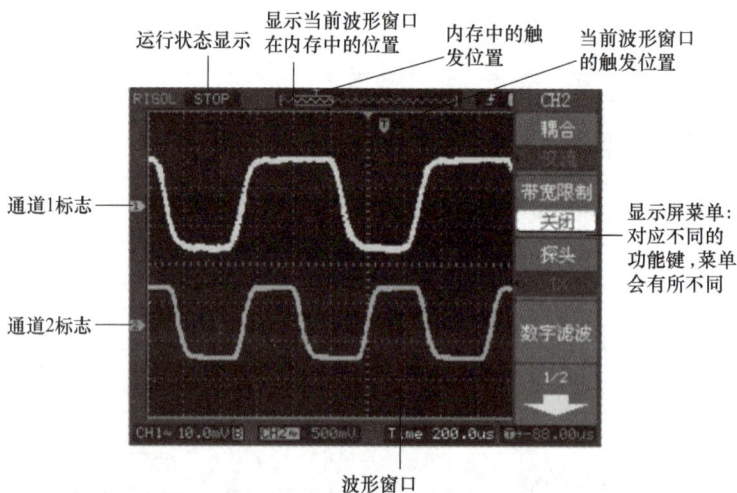

图 1-3-4　DS1072E-EDU 型数字示波器的显示界面

■活动 2　数字示波器校准

操作方法如下：

1）将探头连接到示波器 CH1 通道或者 CH2 通道。

2）将探头衰减倍率设置键拨到"1X"。

3）将探头连接到校准信号输入端，夹子接地。

4）按下自动设置键。

5）调节垂直控制区的垂直位置调节旋钮和水平控制区的水平位置调节旋钮，让波形在显示屏上完整显示。

6）观察示波器显示屏上波形的形态，如果补偿不正确，需要使用非金属质地的螺丝刀调整探头上的可变电容，直到屏幕中显示"补偿正确"。

7）按下自动测量键。

8）单击屏幕右侧全部测量对应的按键，打开全部测量。

9）显示 Vpp=3V，Freq=1kHz，跟校准信号参数一致，示波器校准完成。

■活动3 使用数字示波器测量信号

操作方法如下：

1）完成自检。

2）连接信号输入线。

3）按下自动设置键，再分别调节水平和垂直控制区的挡位和垂直位置调节旋钮，使波形在显示屏上显示 2~3 个周期为宜。

4）按下自动测量键，打开全部测量。

5）查看波形参数。

6）整理。

例：测量一个正弦波信号，其操作步骤见表 1-3-12。

表 1-3-12 DS1072E-EDU 型数字示波器测量正弦波信号的操作步骤

操作步骤	操作示范	操作说明
准备		按照要求接通电路板电源
完成自检		完成示波器自检等设置
连接信号输入线		将探头接电路板输出端 OUT，夹子连接接地端 GND
按下自动设置键		

（续）

操作步骤	操作示范	操作说明
调整波形显示		调节垂直控制区的垂直位置调节旋钮和水平控制区的水平位置调节旋钮,使波形在显示屏上显示 2~3 个周期
按下自动测量键		
打开全部测量		
查看测量数据		查看波形,读取 Vpp、Prd 等参数的值
整理		关掉仪器电源,取下探头和电源线,收拾好实训台

■活动4 认识交流信号的参数

DS1072E-EDU 型数字示波器可以自动测量波形的电压参数（如峰峰值、最大值、最小值、平均值等）和时间参数（如周期、频率、上升时间、下降时间、正占空比等）。

波形的电压参数和时间参数如图 1-3-5 所示，各参数所代表的具体含义见表 1-3-13。

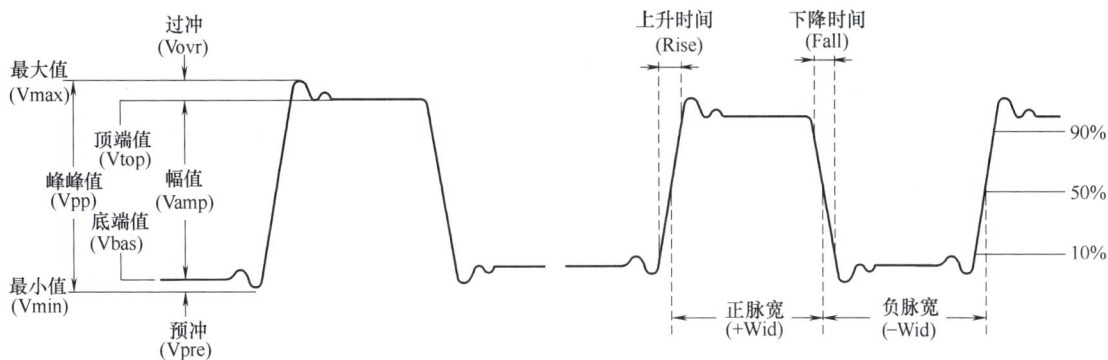

图 1-3-5 波形的电压参数和时间参数

表 1-3-13 波形电压参数和时间参数的名称和具体含义

参数	名称	具体含义
Vmax	最大值	波形最高点至 GND（地）的电压值
Vmin	最小值	波形最低点至 GND（地）的电压值
Vavg	平均值	单位时间内信号的平均幅值
Vrms	方均根值	即有效值，依据交流信号在单位时间内所换算产生的能量，对应于产生等值能量的直流电压值
Vpp	峰峰值	波形最高点至最低点的电压值
Vtop	顶端值	波形顶端至 GND（地）的电压值
Vbas	底端值	波形底端至 GND（地）的电压值
Vamp	幅值	波形顶端至底端的电压值
Vovr	过冲	波形最大值与顶端值之差与幅值的比值
Vpre	预冲	波形最小值与底端值之差与幅值的比值
Prd	周期	完成一次循环变化所用的时间
Freq	频率	在 1s 内完成循环变化的次数
Rise	上升时间	波形幅度从 10% 上升至 90% 所经历的时间

（续）

参数	名称	具体含义
Fall	下降时间	波形幅度从 90% 下降至 10% 所经历的时间
+Wid	正脉宽	正脉冲在 50% 幅度时的脉冲宽度
-Wid	负脉宽	负脉冲在 50% 幅度时的脉冲宽度
+Duty	正占空比	正脉宽与周期的比值
-Duty	负占空比	负脉宽与周期的比值

【任务评价】

数字示波器的使用评价表见表 1-3-14。

表 1-3-14　数字示波器的使用评价表

评价项目	配分	评价标准	评价记录
认识数字示波器面板	30 分	能正确说出各部分的名称及功能,每错一个扣 2 分	
数字示波器校准	20 分	1. 能正确选择通道连接测试点,连接错误扣 10 分 2. 能用示波器自带的校准信号进行垂直系统、水平系统的设置,设置错误扣 10 分	
使用数字示波器测量信号	40 分	1. 能正确连接测试点,连接错误扣 5 分 2. 能正确设置探头,设置错误扣 10 分 3. 能正确设置示波器参数,每错一处扣 5 分 4. 能使用数字示波器的自动测量键来测量一个信号,测量错误扣 5 分 5. 能正确读取波形参数,每错一个扣 5 分	
职业素养	10 分	1. 遵守实训管理制度、安全操作规范。出现不遵守管理制度、操作不符合安全规范的行为每次扣 5 分,扣完为止 2. 爱惜实训设备和器材,任务完成后清理工位,整理工具设备,关闭实训台电源。设备及工具摆放杂乱扣 2 分,工位未清理扣 2 分,损坏仪器仪表扣 5 分,扣完为止	

第2篇　模　拟　电　路

项目1 电 源 电 路

任务1 制作桥式整流滤波电路

【任务描述】

桥式整流滤波电路利用二极管的单向导电性将交流电转变为脉动直流电，再经电容滤波输出平滑的直流电，它具有输出电流大、带负载能力强等优点，在电磁炉、电视机、充电器等电子产品中广泛使用。本任务将制作一个实用的桥式整流滤波电路为电子产品提供电源。

【任务目标】

1. 能正确识读元器件参数。
2. 能用仪器仪表测量电路参数。
3. 能正确分析电路工作过程。
4. 能根据工艺要求组装与调试电路。

【职业素养】

1. 着装规范，安全操作，爱护设备。
2. 任务操作遵规守纪、精益求精。
3. 任务完成后规范整理工作台。

【实践操作】

桥式整流滤波电路原理图如图 2-1-1 所示，其中变压器可用实训台交流 0～24V 电源代

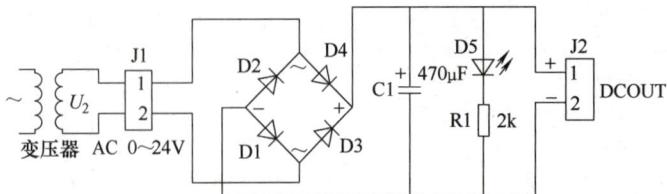

图 2-1-1 桥式整流滤波电路原理图

替。市场上出售的电源绝大多数由桥式整流、电容滤波电路构成。按电路要求完成制作后，你的作品就可以为电子产品供电了。

■活动 1　元器件选择

准备电路所需元器件，了解它们在电路中的作用，将元器件名称、电路符号及型号规格填写在表 2-1-1 中。

表 2-1-1　元器件选择记录表

代号	元器件名称	电路符号	型号规格
D1			
D2			
D3			
D4			
C1			
R1			
D5			
J1、J2			

■活动 2　元器件检测

用万用表对所有元器件进行质量检测，确保各元器件质量可靠。二极管、发光二极管、电解电容必须识读其正负极才能正确安装。将检测结果填写在表 2-1-2 中。

表 2-1-2　元器件检测记录表

代号	参数检测				质量判断	元器件作用
D1	正向电阻	反向电阻	管压降	材料		
D2						
D3						
D4						
D5						
C1	标称容量	耐压值	介质			
R1	色环排列顺序	标称值	测量值（挡位）			

■活动 3　电路组装

（1）安装　结合电路图及装配图，先将元器件引脚按电路板安装孔位置成形，后装入元器件，正确安装二极管、电容正负极。电路安装遵循由小到大、由里到外的原则，具体安装工艺见表 2-1-3，并填写安装顺序号。

表 2-1-3　安装工艺及安装顺序记录表

代号	安装工艺	安装顺序号
D1～D4	卧式安装,正负极正确,剪脚留 1mm	
C1	立式安装,正负极正确,剪脚留 1mm	
R1	卧式安装,紧贴电路板,剪脚留 1mm	
D5	立式安装,正负极正确,距底板约 5mm,剪脚留 1mm	
J1、J2	立式安装,紧贴电路板,接口朝外	

（2）焊接　焊接面有铜箔走线和圆形焊盘面,用"焊接五步法"焊接元器件,焊点呈正弦波峰形状,不能出现虚焊、假焊、漏焊、相邻焊点桥接等现象。翻转电路板焊接时,若元器件往下掉,影响元器件安装工艺及焊接质量,可在电路板元器件面放上一块纸板,防止元器件掉落,这样焊接非常方便。在表 2-1-4 中描述"焊接五步法"操作步骤。

表 2-1-4　"焊接五步法"记录表

步骤	操作方法
第 1 步	
第 2 步	
第 3 步	
第 4 步	
第 5 步	

（3）剪脚　用斜口钳剪掉元器件引脚,要保留 1～2mm 的长度,注意不要齐根剪平。完成后的实物图如图 2-1-2 所示。

■ 活动 4　调试与检测

通电前,先用直观检查法重点检查二极管、电解电容极性安装是否正确,若装反,会出现电源短路、元器件炸裂、冒烟等现象,非常危险。检查无误后再通电调试。

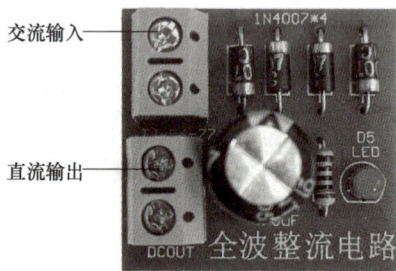

图 2-1-2　完成后的实物图

根据表 2-1-5 中的设置要求,用万用表、示波器测量交/直流输入/输出电压,并将电路状态、输出电压、U_0 与 U_2 的关系填入表 2-1-5 中,将 U_0 与 U_2 的波形画在图 2-1-3 中。

表 2-1-5　电路调试与检测参数记录表

序号	调整位置	电路状态	输出电压	U_0 与 U_2 的关系
1	电路正常	桥式整流滤波电路		
2	C1 断开			
3	D2 断开			

a) 电路正常   b) C1断开   c) D2断开

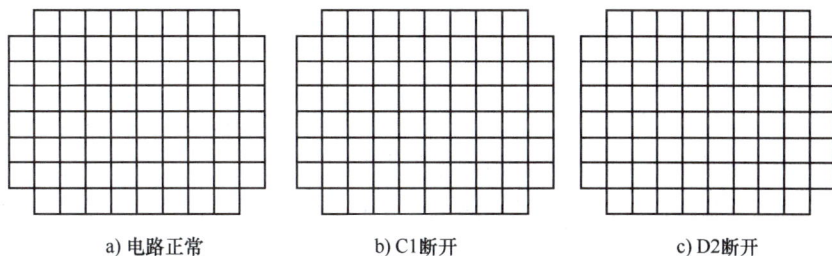

图 2-1-3 U_O 与 U_2 的波形

【相关知识】

知识 1 桥式整流滤波电路的三种画法

桥式整流滤波电路的三种画法如图 2-1-4 所示。

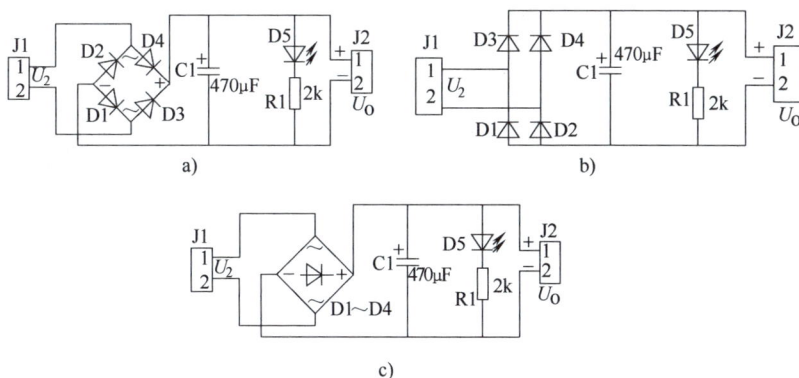

图 2-1-4 桥式整流滤波电路的三种画法

知识 2 桥式整流滤波电路的工作过程及波形图

桥式整流滤波电路的工作过程及波形图如图 2-1-5 所示。

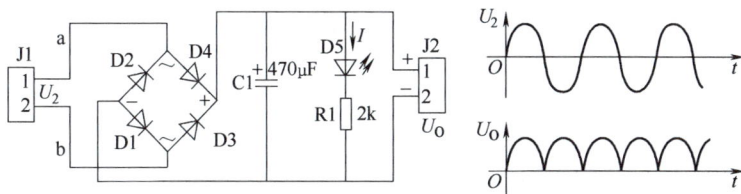

图 2-1-5 桥式整流滤波电路的工作过程及波形图

U_2 在正半周时，a 点正 b 点负，D4、D1 正偏导通，D2、D3 反偏截止。电流流经的路线：

a 点→D4→D5→R1→D1→→b 点

U_2 在负半周时，a 点负 b 点正，D2、D3 正偏导通，D4、D1 反偏截止。电流流经的路线：

$$b \text{ 点} \rightarrow D3 \rightarrow D5 \rightarrow R1 \rightarrow D2 \rightarrow a \text{ 点}$$

正半周和负半周时都有电流流过 D5、R1，且都是从上端流向下端，该电路实质上是由两组半波整流电路构成的，所以桥式整流属于全波整流。

如果将 4 个二极管按照桥式整流电路封装于一体，则称为整流桥堆，其引脚有 4 个，分别是交流输入端"~"和直流输出端"+""−"。其内部接线图和实物图如图 2-1-6 所示。

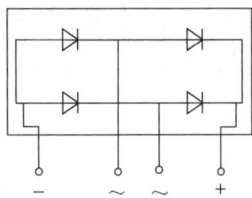

a) 内部接线图

b) 实物图

图 2-1-6　整流桥堆的内部接线图和实物图

■知识 3　输出电压估算

全波整流电路波形经滤波后，输出电流要比半波整流滤波电路的电流大，带负载能力更强，波形更加平滑。接上负载后，输出电压下降比半波电路小，具体下降多少由负载和滤波电容大小决定。输出电压估算方法如下：

无滤波电容时：$U_0 = 0.9 U_2$。

有滤波电容和负载时：$U_0 = 1.2 U_2$。

有滤波电容但空载时：$U_0 = 1.4 U_2$。

■知识 4　元器件选择

1）负载电流大的电路，滤波电容容量要大；负载电流小的电路，滤波电容容量要小些。滤波电容容量大，则滤波效果好，但如果容量太大，在通电瞬间，二极管瞬间充电电流增加，容易造成二极管损坏。具体可参照表 2-1-6 选择电容容量。

表 2-1-6　电容容量选择

输出电流/A	0.05 ~ 0.5	0.5 ~ 1	2	>2
电容容量/μF	330 ~ 470	1000 ~ 2200	3300	4700

2）常见二极管耐压的选用原则如下：

最大整流电流为

$$I_{OM} \geqslant 0.5 I_0$$

最高反向工作电压为

$$U_{RM} \geqslant \sqrt{2} U_2$$

【实践拓展】

用万用表测量整流桥堆的输入端和输出端，将测量结果填入表 2-1-7 中。

表 2-1-7 测量结果记录表

两交流输入端	正向电阻	反向电阻	画出内部电路图
"+""−"输入端	正向电阻	反向电阻	
质量判断			

【任务评价】

桥式整流滤波电路的安装与调试评价表见表 2-1-8。

表 2-1-8 桥式整流滤波电路的安装与调试评价表

评价项目	配分	评价标准	评价记录
元器件选择	10 分	1. 能准确记录元器件的名称、电路符号及型号规格,每错一处扣 1 分 2. 元器件电路符号记录不标准,每有一处扣 1 分	
元器件检测	20 分	1. 能熟练使用万用表对元器件进行检测,正确记录其参数、质量及作用,每错一处扣 1 分 2. 万用表使用不正确、不规范扣 2 分	
安装工艺	30 分	1. 二极管卧式安装,正负极正确;电容立式安装,正负极正确;电阻卧式安装,紧贴电路板;发光二极管立式安装,正负极正确,距底板约 5mm;接插件立式安装,紧贴电路板,接口朝外;元器件焊接完成后剪脚留 1mm。元器件整形、插装、焊点、剪脚符合工艺要求,不符合的每处扣 1 分,正负极错误的每处扣 2 分 2. 能正确描述焊接五步法,每错一步扣 1 分 3. 焊接工具使用不规范扣 5 分	
调试与检测	30 分	1. 能熟练使用万用表、示波器测量电路的输入、输出电压,仪器仪表使用不正确、不规范扣 2 分 2. 能正确记录电路状态、输出电压、输入输出关系、波形图,每错一处扣 1 分 3. 电路出现电源短路、元器件炸裂、冒烟等现象,扣 20 分	
职业素养	10 分	1. 遵守实训管理制度、安全操作规范。出现不遵守管理制度、操作不符合安全规范的行为每次扣 5 分,扣完为止 2. 爱惜实训设备和器材,任务完成后清理工位,整理工具设备,关闭实训台电源。设备及工具摆放杂乱扣 2 分,工位未清理扣 2 分,损坏仪器仪表扣 5 分,扣完为止	

任务 2 制作集成稳压电源

【任务描述】

随着半导体技术的发展,集成稳压器应用越来越广,集成稳压器又叫集成稳压电路,它可将不稳定的直流电压转换成稳定的直流电压,具有结构简单、外围元器件少、稳压性能好等优点。常用的集成稳压器有三端固定式稳压器和三端可调式稳压器，三端固定式稳压器输出固定电压，三端可调式稳压器的电压调节范围可达 $1.25 \sim 37V$，可用于不同电压需求的电子产品。本任务利用可调式集成稳压器 LM317 制作集成稳压电源，设计的电压调节范围为 $1.25 \sim 12V$。

【任务目标】

1. 能正确识读二极管、电容等元器件的参数。
2. 能正确识别 LM317 各个引脚的功能。
3. 能正确分析电路工作过程，理解元器件作用。
4. 能根据工艺组装调试电路，并测量电压参数。

【职业素养】

1. 着装规范，安全操作，爱护设备。
2. 任务操作遵规守纪、精益求精。
3. 任务完成后规范整理工作台。

【实践操作】

LM317 集成稳压电源电路原理图如图 2-1-7 所示，其中交流输入电压小于 15V。从原理图中可看出，该电路主要由桥式整流电路和 LM317 稳压电路两部分组成。按电路要求完成制作后，你的作品就可以为后续制作的不同类型电子作品提供电源了。

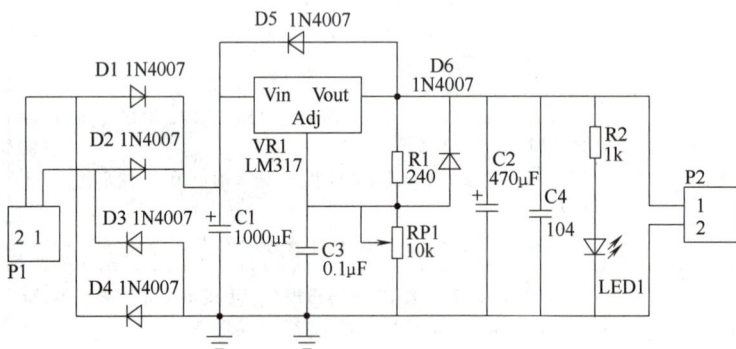

图 2-1-7　LM317 集成稳压电源电路原理图

特别提示：为保证稳压器的输出性能，R1 应小于 240Ω。改变 RP1 阻值即可调整稳压电压值。D5、D6 用于保护 LM317。输出电压计算公式为 $U_0 = (1 + RP1$ 阻值/R1 阻值) × 1.25。LED1 作为电压指示灯，电压越高，LED1 越亮。

■活动 1　元器件选择

准备电路所需元器件，了解它们在电路中的作用，将元器件名称、电路符号及型号规格填写在表 2-1-9 中。

表 2-1-9　元器件选择记录表

代号	元器件名称	电路符号	型号规格
D1			
D2			
D3			
D4			
D5			
D6			
LED1			
C1			
C2			
C3			
C4			
R1			
R2			
RP1			
VR1			
P1、P2			

■活动 2　元器件检测

用万用表对所有元器件进行质量检测，确保各元器件质量可靠。要正确识读 LM317、二极管、发光二极管、电解电容引脚极性，将检测结果填写在表 2-1-10 中。

特别提示：LM317 不是晶体管、二极管，而是一种有源电路，单靠万用表只能简约检测其好坏，如需更加准确判断其好坏，需借助电源进行检测。

表 2-1-10　元器件检测记录表

代号	参数检测				质量判断	元器件作用
D1	正向电阻	反向电阻	管压降	材料		
D2						
D3						
D4						
D5						
D6						
LED1						
C1	标称容量	耐压值	介质			
C2						

（续）

代号	参数检测			质量判断	元器件作用
C3					
C4					
R1	色环排列顺序	标称值	测量值（挡位）		
R2					
RP1	标称值		测量值（挡位）		
LM317	正向测量		反向测量		
Vin 与 Adj 脚					
Vin 与 Vout 脚					
Adj 与 Vout 脚					

■ **活动 3　电路组装**

（1）安装　结合电路图及装配图，先将元器件引脚按电路板安装孔位置成形，后装入元器件，正确安装 LM317、二极管、电容正负极。电路安装遵循由小到大、由里到外的原则，将具体安装工艺、安装顺序号填入表 2-1-11 中。

表 2-1-11　安装工艺及安装顺序号记录表

代号	安装工艺	安装顺序号
D1～D6		
C1、C2		
C3、C4		
R1、R2		
LED1		
VR1	立式安装，底部离底板 5～8mm，加装散热片	
RP1	卧式安装，贴近电路板，调节手柄朝向电路板外边沿	
P1、P2		

（2）焊接　焊接面有铜箔走线和圆形焊盘面，采用任务 1 中的"焊接五步法"焊接元器件，焊点呈正弦波峰形状，不能出现虚焊、假焊、漏焊和相邻焊点桥接等现象。翻转电路板焊接时，若元器件往下掉，影响元器件安装工艺及焊接质量，可在电路板元器件面放上一块纸板，防止元器件掉落，这样焊接非常方便。

（3）剪脚　用斜口钳剪掉元器件引脚，要保留 1～2mm 的长度，注意不要齐根剪平。完成后的实物图如图 2-1-8 所示。

图 2-1-8　完成后的实物图

■活动4 调试与检测

通电前，先用直观检查法重点检查 LM317、二极管、电解电容极性安装是否正确，若装反，会出现电源短路、元器件炸裂、冒烟等现象，非常危险。检查无误后再通电调试。

特别提示：可调式三端集成稳压器输出端不能悬空，否则容易损坏集成电路。

1）用万用表直流电压挡测量输入端电压 $U_i =$ _____ V，输出端电压 $U_o =$ _____ V。

2）用示波器测量交流输入电压（P1 端）波形，记录在图 2-1-9 中。示波器 Y 轴挡位为_____，X 轴挡位为_____；$U_{pp} =$ _____，$T =$ _____。

3）用示波器测量直流输出电压（P2 端）波形，记录在图 2-1-10 中。示波器 Y 轴挡位为_____，X 轴挡位为_____；$U_{max} =$ _____。

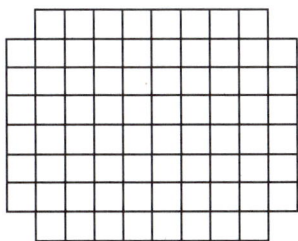

图 2-1-9 输入电压波形　　　　　　　　图 2-1-10 输出电压波形

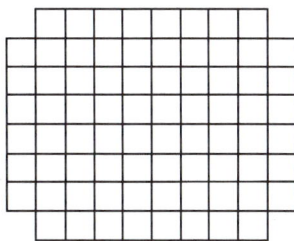

4）测试输出电压调节范围。向稳压电源输入交流电压 12V，不接负载电阻，调节可调电阻 RP_1 的阻值为最大和最小，测量输出电压 U_o 的调节范围，并将数据记录在表 2-1-12 中。

表 2-1-12 输出电压调节范围

可调电阻 RP_1	阻值最大时	阻值最小时
输出电压 U_o		

5）测试电路稳压性能。将输出电压调至 9V，接入负载电阻，测量输出电压。如果电压波动越小，说明稳压性能越好。将测量结果记录在表 2-1-13 中。

表 2-1-13 稳压性能测试记录表

负载电阻	100kΩ	470kΩ	1MΩ
输出电压 U_o			

特别提示：带负载调试时，经常用手触摸 LM317 的散热片，如果很烫，就应断电散热片刻。实际应用时，如想获得较大的输出电流，就应加装足够大的散热片。

【相关知识】

■知识1 三端集成稳压器的种类

三端集成稳压器只有 3 个外引线——输入端、输出端和公共端，故称为三端集成稳压器，分为固定式和可调式两大类，其电路符号如图 2-1-11 所示，外形如图 2-1-12 所示。

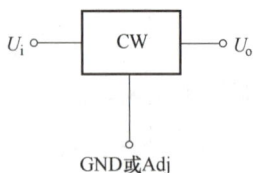

图 2-1-11 三端集成稳压器的电路符号

图 2-1-12 三端集成稳压器的外形

特别提示：不同型号、不同封装的集成稳压器，3 个电极的位置是不同的。

三端固定式集成稳压器的输出电压是固定的，分为输出固定正电压的 CW78×× （LM78××）系列和输出固定负电压的 CW79××（LM79××）系列。

三端可调式集成稳压器也分为正电压输出（如 CW317、LM317）和负电压输出（如 CW337、LM337）两类。

特别提示：CW 代表国产稳压器件，LM 代表美国国家半导体公司器件。只要代号后面内容相同，就可以通用，引脚排列或应用电路是一样的。

■知识 2 三端固定式集成稳压器

三端固定式集成稳压器 LM78××系列和 LM79××系列的引脚排列如图 2-1-13 和图 2-1-14 所示。

输入端 接地端 输出端

图 2-1-13 LM78××系列的引脚排列

接地端 输入端 输出端

图 2-1-14 LM79××系列的引脚排列

具体指标参数如下：

输出电压：78（或 79）后面两位××表示输出电压值为 5V、6V、9V、12V、15V、18V 和 24V。

输出电流：以 78（或 79）后面所加字母来区分，L 为 0.1A，M 为 0.5A，无字母为 1.5A。

例如：LM7805 的输出电压为 5V，输出电流为 1.5A；LM78M05 的输出电压为 5V，输出电流为 0.5A。

■知识 3 三端固定式集成稳压器的基本电路

三端固定式集成稳压器的基本电路如图 2-1-15 所示。

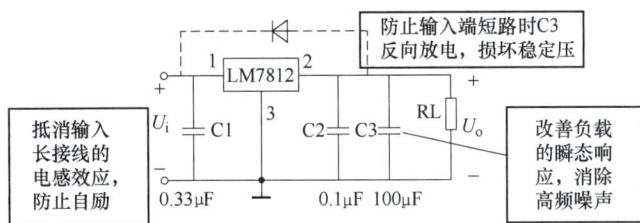

图 2-1-15 三端固定式集成稳压器的基本电路

■知识4 三端可调式集成稳压器引脚排列

LM317 系列集成稳压器输出连续可调的正电压，LM337 系列集成稳压器输出连续可调的负电压，最大输出电流均可达 1.5A，其封装及引脚排列如图 2-1-16 和图 2-1-17 所示。

特别提示：集成稳压器加装散热器时，散热器与 2 脚相连，例如 LM7805 的散热器与其 2 脚接地端相连，LM317 的散热器与其 2 脚输出端相连。

图 2-1-16 LM317 系列的引脚排列

图 2-1-17 LM337 系列的引脚排列

【实践拓展】

1）增加晶体管可以扩大稳压电路的输出电流，根据图 2-1-18 所示电路改进试试。

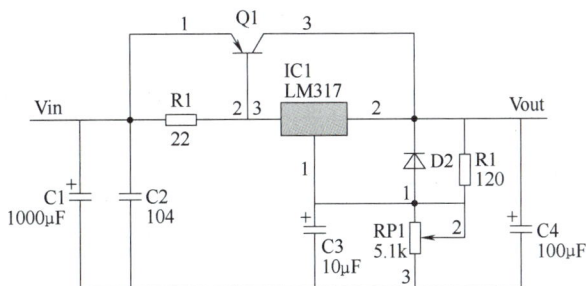

图 2-1-18 LM317 的扩流电路

2）LM317 的基本应用电路如图 2-1-19 所示，其输出电压范围估算公式为 $U_o = 1.25 \times (1 + R_2/R_1)$。从公式中可以看出，电阻 R1、R2 的阻值决定了输出电压的大小，如果要得到 $U_o = 5V$，计算 R2 的阻值。

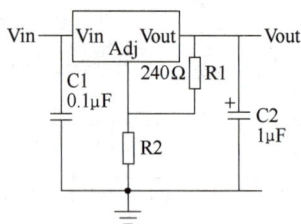

图 2-1-19　LM317 的基本应用电路

【任务评价】

LM317 直流稳压电源的安装与调试评价表见表 2-1-14。

表 2-1-14　LM317 直流稳压电源的安装与调试评价表

评价项目	配分	评价标准	评价记录
元器件选择	10 分	1. 能准确记录元器件的名称、电路符号、型号规格，每错一处扣 1 分 2. 电路符号、型号规格记录不标准，每错一处扣 0.5 分	
元器件检测	20 分	1. 能熟练使用万用表对元器件进行检测，正确记录其参数、质量及作用，每错一处扣 1 分 2. 万用表使用不正确、不规范扣 2 分	
安装工艺	30 分	1. 元器件安装工艺符合表 2-1-11 中的要求，LM317 加装散热器。元器件整形、插装、焊点、剪脚不符合要求的每处扣 1 分，正负极错误的每处扣 2 分 2. 焊接工具使用不规范扣 5 分	
调试与检测	30 分	1. 能熟练使用万用表、示波器测量相关参数，仪器仪表使用不正确、不规范扣 2 分 2. 能正确记录测量的电压参数，每错一处扣 1 分 3. 能正确绘制波形图，每错一处扣 2 分，绘制不规范扣 1 分 4. 能正确测试输出电压调节范围，范围不正确扣 2 分 5. 能测试电路稳压性能，每错一处扣 1 分 6. 电路出现电源短路、元器件炸裂、冒烟等现象，扣 20 分	
职业素养	10 分	1. 遵守实训管理制度、安全操作规范。出现不遵守管理制度、操作不符合安全规范的行为每次扣 5 分，扣完为止 2. 爱惜实训设备和器材，任务完成后清理工位，整理工具设备，关闭实训台电源。设备及工具摆放杂乱扣 2 分，工位未清理扣 2 分，损坏仪器仪表扣 5 分，扣完为止	

项目2 放 大 电 路

任务1 制作声光控开关

【任务描述】

声光控开关是集声学、光学和延时技术为一体的自动照明开关，是现代极理想的新型绿色照明开关，还能节约电能，广泛应用于楼道、建筑走廊、厂房、庭院等场所。本任务将制作一个实用的声光控开关，在白天或光线较亮时，声光控开关处于关闭状态；夜晚或光线较暗时，声光控开关处于预备工作状态，此时当有人经过该开关附近时，脚步声、说话声、拍手声均可将声光控开关启动（灯亮），延时一定时间后，声光控开关自动关闭（灯灭）。

【任务目标】

1. 能正确识读、检测元器件参数。
2. 能正确分析电路工作过程。
3. 能根据工艺要求组装调试电路。
4. 能用仪器仪表测量电路参数。

【职业素养】

1. 着装规范，安全操作，爱护设备。
2. 任务操作遵规守纪、精益求精。
3. 任务完成后规范整理工作台。

【实践操作】

声光控开关电路原理图如图 2-2-1 所示。从图中可以看出，该电路主要由光敏电阻、驻极体传声器、晶闸管和晶体管等构成。按电路要求完成制作后，你就可以体验声光控开关的工作效果了。

■活动1　元器件选择

准备电路所需元器件，了解它们在电路中的作用，将元器件名称、电路符号及型号规格填写在表 2-2-1 中。

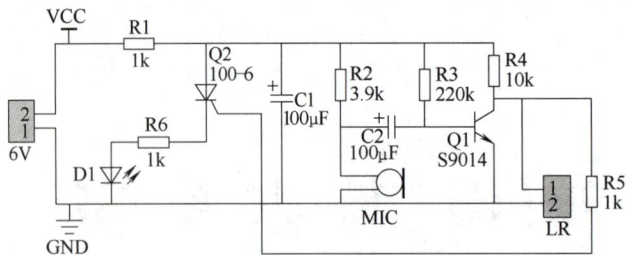

图 2-2-1　声光控开关电路原理图

表 2-2-1　元器件选择记录表

代号	元器件名称	电路符号	型号规格
D1			
Q1			
Q2			
MIC			
R1			
R2			
R3			
R4			
R5			
R6			
C1			
C2			

■活动 2　元器件检测

　　用万用表对所有元器件进行质量检测，确保各元器件质量可靠。二极管、发光二极管和电解电容必须识读其正负极才能正确安装。将检测结果填写在表 2-2-2 中。

表 2-2-2　元器件检测记录表

代号	参数检测						质量判断	元器件作用
D1	正向电阻		反向电阻		管压降			
Q1	三个引脚之间的阻值						画外形示意图，标注引脚功能	
	R_{BC}	R_{BE}	R_{CE}	R_{CB}	R_{EC}	R_{EB}		
Q2	三个引脚之间的阻值						画外形示意图，标注引脚功能	
	R_{GK}	R_{GA}	R_{AG}	R_{AK}	R_{KG}	R_{KA}		

（续）

代号	参数检测			质量判断	元器件作用
C1	标称容量	耐压值	介质		
C2					
R1	色环排列顺序	标称值	测量值（挡位）		
R2					
R3					
R4					
R5					
R6					
MIC	万用表红表笔接传声器漏极 D、黑表笔接源极 S 时的阻值	吹气时的阻值			

■ 活动3 电路组装

（1）安装 结合电路图及装配图，先将元器件引脚按电路板安装孔位置成形，后装入元器件，正确安装晶闸管、晶体管等元器件。电路安装遵循由小到大、由里到外的原则，具体安装工艺见表 2-2-3，并填写安装顺序号。

表 2-2-3 安装工艺及安装顺序号记录表

代号	安装工艺	安装顺序号
D1		
Q1		
Q2		
R1~R6		
C1		
C2		
MIC		

（2）焊接 焊接面有铜箔走线和圆形焊盘面，用"焊接五步法"焊接元器件，焊点呈正弦波峰形状，不能出现虚焊、假焊、漏焊和相邻焊点桥接等现象。翻转电路板焊接时，若元器件往下掉，影响元器件安装工艺及焊接质量，可在电路板元器件面放上一块纸板，防止元器件掉落，这样焊接非常方便。在表 2-2-4 中描述"焊接五步法"操作步骤。

（3）剪脚 用斜口钳剪掉元器件引脚，要保留 1~2mm 的长度，注意不要齐根剪平。完成后的实物图如图 2-2-2 所示。

图 2-2-2 完成后的实物图

表 2-2-4 "焊接五步法"记录表

步骤	操作方法
第 1 步	
第 2 步	
第 3 步	
第 4 步	
第 5 步	

■活动 4　调试与检测

通电前，先用直观检查法重点检查晶体管、晶闸管极性安装是否正确，若装反，会出现电源短路、元器件炸裂、冒烟等现象，非常危险。检查无误后，接上直流 6V 电源，通电调试。

1）根据 2-2-5 表中的设置要求，声光控开关工作在白天或晚上时，用万用表测量相关参数，将工作状态记录在表 2-2-5 中。

表 2-2-5 声光控开关的相关参数及工作状态记录表

白天	光敏电阻阻值	Q1 的 U_{CE}	Q2 的 U_G	Q1 状态	Q2 状态	D1 状态
晚上, MIC 检测到拍手声	光敏电阻阻值	Q1 的 U_B	Q1 的 U_C	Q2 的 U_G	Q1 状态	Q2 状态	D1 状态
延时一段时间后	Q1 状态	Q2 状态	D1 状态			

2）用示波器测量白天和晚上时晶闸管门极的波形参数，记录在图 2-2-3 中。

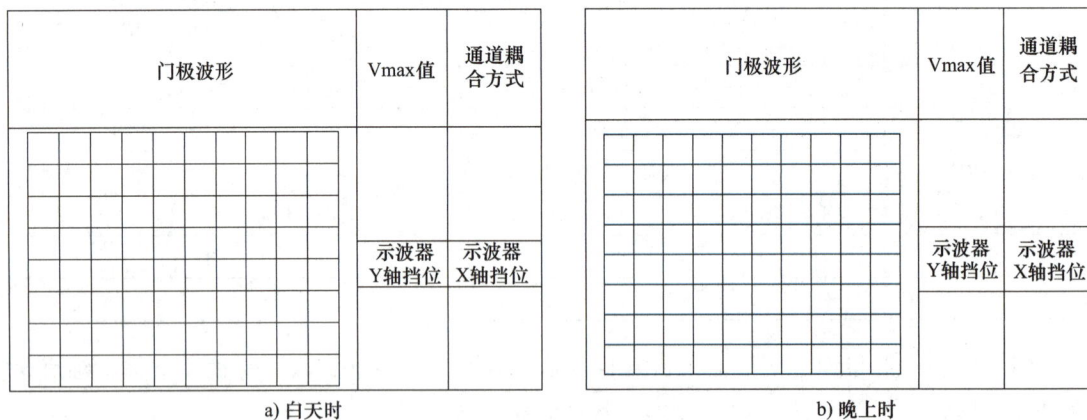

门极波形	Vmax值	通道耦合方式
	示波器 Y轴挡位	示波器 X轴挡位

a) 白天时

门极波形	Vmax值	通道耦合方式
	示波器 Y轴挡位	示波器 X轴挡位

b) 晚上时

图 2-2-3 波形参数测量

【相关知识】

■知识 1　电路工作过程

白天时，光敏电阻阻值减小，Q1 集电极和发射极之间相当于短路，此时，当面对 MIC

拍手发出声音时，晶闸管 Q2 门极处于低电平，晶闸管截止，发光二极管 D1 不亮。

晚上时，光敏电阻阻值增大，在无声状态下，晶体管 Q1 处于导通状态，集电极为低电平，通过 R5 连接晶闸管门极，门极处于低电平，晶闸管截止。当面对 MIC 拍手发出声音时，MIC 正极输出负脉冲，经过电容 C2 耦合到晶体管 Q1 基极，晶体管 Q1 由导通变为截止，集电极由低电平变为高电平，晶闸管门极得到高电平而导通，发光二极管 D1 点亮。此时，电源通过 R3 对 C2 充电，晶体管 Q1 基极电位升高，晶体管由截止变为导通，集电极电位由高电平变为低电平，经过 R5 使晶闸管门极变为低电平，晶闸管截止，发光二极管 D1 熄灭。

特别提示：发光二极管 D1 的点亮时间取决于 R3 和 C2 的大小，R3 和 C2 越大，点亮时间越长。

■知识 2　放大电路工作过程

声光控开关主要由声光控制电路、信号放大电路、晶闸管控制电路三部分组成，其中信号放大电路为基本放大电路。基本放大电路也称为固定偏置放大电路，根据晶体管放大的外部条件（发射结正偏，集电结反偏），图中 R3 提供了正偏电压，R4 提供了反偏电压，所以晶体管能进入放大区（即静态）。只要基极偏置与集电极供电正常，晶体管就能进入放大区，等待从基极输入信号，当对着传声器拍手时，电路就进入动态。放大电路工作示意图如图 2-2-4 所示。

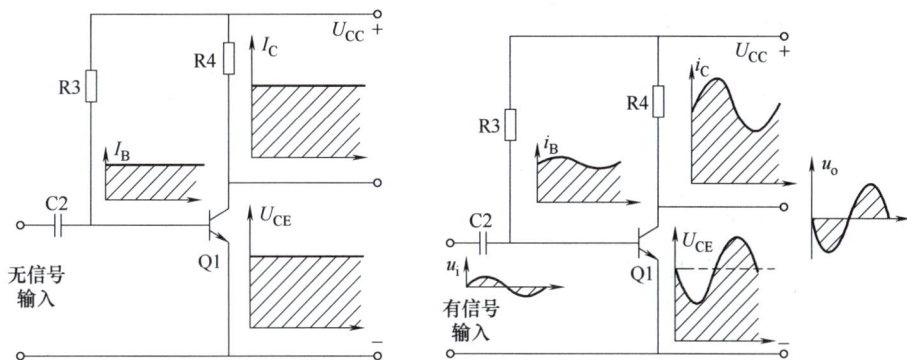

图 2-2-4　放大电路工作示意图

静态时，电路做好了一切准备，等待交流信号输入，此时电路状态好像风平浪静的水面；动态时，电路好像平静的水面上刮起了大风，水面波涛起伏。

一般，电路处于动态的关键是 U_{CE} 的值适中，一般为电源电压的 1/2 左右。当有信号进入时，U_{CE} 以这个值为基准上下波动，因为上下幅度余量对称，所以波形就不会失真。理论上，放大区的 U_{CE} 范围为 $0.7V \sim U_{CC}$，小信号放大器略高于 $U_{CC}/2$。也就是说，晶体管放大区的范围很广，只要不低于 0.7V 且不接近电源电压，都算工作在放大区，但是容易产生失真。

【实践拓展】

同学们，你们已经具备了声光控开关制作技能，对电路工作过程也有了一定认知，可以找老师领取更加实用、用途更广的声光控开关进行制作。这款声光控开关的工作电压为交流220V。请根据电路图制作吧！电路图、制作完成效果图、声光控开关实物图分别如图2-2-5~图2-2-7所示。

　　特别提示：声光控开关的工作电压为交流220V，安装调试时，手及身体其他部位不能直接接触电路中的元器件，以免触电。

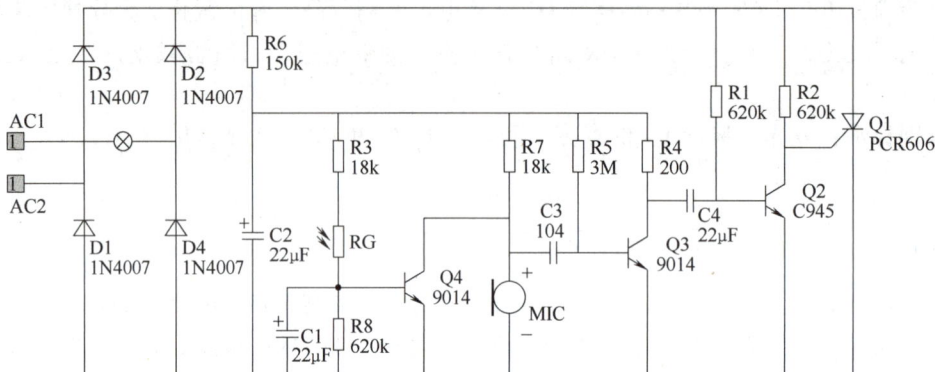

图 2-2-5　电路图

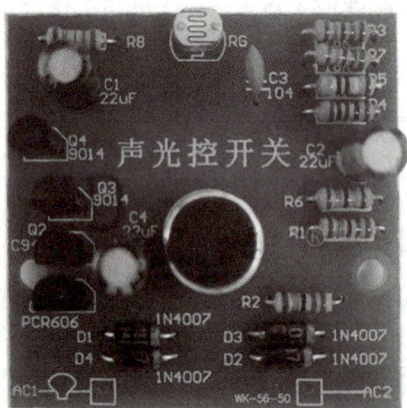

图 2-2-6　制作完成效果图

图 2-2-7　声光控开关实物图

【任务评价】

声光控开关制作评价表见表2-2-6。

表 2-2-6　声光控开关制作评价表

评价项目	配分	评价标准	评价记录
元器件选择	10分	1. 能准确记录元器件名称、电路符号及型号规格，每错一处扣1分 2. 元器件电路符号记录不标准，每处扣1分	
元器件检测	20分	1. 能熟练使用万用表对元器件进行检测，正确画出其示意图，记录其参数、质量及作用，每错一处扣1分 2. 万用表使用不正确、不规范扣2分	

（续）

评价项目	配分	评价标准	评价记录
安装工艺	30分	1. 元器件整形、插装、焊点、剪脚符合工艺要求,不符合的每处扣1分,正负极错误的每处扣2分 2. 能正确描述"焊接五步法",每错一步扣1分 3. 焊接工具使用不规范扣5分	
调试与检测	30分	1. 能熟练使用万用表、示波器测量电路的输入、输出电压,使用不正确、不规范扣2分 2. 能正确记录电路状态,画出测量波形图,每错一处扣1分 3. 电路出现电源短路、元器件炸裂、冒烟等现象,扣20分	
职业素养	10分	1. 遵守实训管理制度、安全操作规范。出现不遵守管理制度、操作不符合安全规范的行为每次扣5分,扣完为止 2. 爱惜实训设备和器材,任务完成后清理工位,整理工具设备,关闭实训台电源。设备及工具摆放杂乱扣2分,工位未清理扣2分,损坏仪器仪表扣5分,扣完为止	

任务2 制作迎宾器

【任务描述】

我们经常在酒店、宾馆、购物中心或商场等场所,一进门就会听到"你好,欢迎光临!"的迎宾语音,走的时候也会听到"请慢走,欢迎下次光临!"的欢送语音,像这样的问候总能让客人倍感温馨。发出这些语音的设备就是迎宾器。

迎宾器是一种采用传感器感应人体信息,然后自动播放迎宾语音的设备,因其电路简单、性能稳定、成功率高而深受电子爱好者欢迎。

【任务目标】

1. 能正确识读、检测元器件参数。
2. 能正确分析电路工作过程。
3. 能根据工艺要求组装调试电路。
4. 能用仪器仪表测量电路参数。

【职业素养】

1. 着装规范,安全操作,爱护设备。
2. 任务操作遵规守纪、精益求精。
3. 任务完成后规范整理工作台。

【实践操作】

迎宾器电路原理图如图2-2-8所示。从图中可以看出,该电路主要由光敏电阻、扬声器和晶体管等构成。按电路要求完成制作后,迎宾器检测到有人时,会发出"你好,欢迎光临!"的语音。

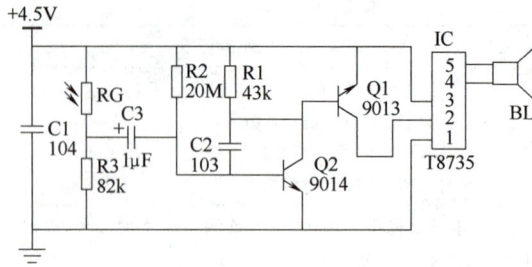

图 2-2-8　迎宾器电路原理图

■活动 1　元器件选择

准备电路所需元器件，了解它们在电路中的作用，将元器件名称、电路符号及型号规格填写在表 2-2-7 中，未列举出的配件及其数量填写在表格最下方。

表 2-2-7　元器件选择记录表

代号	元器件名称	电路符号	型号规格
Q1			
Q2			
RG			
R1			
R2			
R3			
C1			
C2			
IC			
其他元器件			

■活动 2　元器件检测

用万用表对所有元器件进行质量检测，确保各元器件质量可靠。晶体管、语音芯片、扬声器必须正确安装。语音芯片质量用万用表检测的话判断结果并不准确，只能安装在电路中通电检测。将检测结果填写在表 2-2-8 中。

表 2-2-8　元器件检测记录表

代号	参数检测						质量判断	元器件作用
RG	亮电阻			暗电阻				
Q1	三个引脚之间的阻值			画外形示意图，标注引脚功能				
	R_{BC}	R_{BE}	R_{CE}	R_{CB}	R_{EC}	R_{EB}		

（续）

代号	参数检测							质量判断	元器件作用
Q2	三个引脚之间的阻值						画外形示意图，标注引脚功能		
	R_{BC}	R_{BE}	R_{CE}	R_{CB}	R_{EC}	R_{EB}			
C1	标称容量						介质		
C2									
R1	色环排列顺序		标称值				测量值（挡位）		
R2									
R3									
BL	标称直流电阻/功率						直流电阻测量值（挡位）		
电池	单节纽扣电池的电压						测量挡位		

■ 活动 3　电路组装

（1）安装　结合电路图及装配图，先将元器件引脚按电路板安装孔位置成形，后装入元器件，正确安装光敏电阻、晶体管等元器件。电路安装遵循由小到大、由里到外的原则，具体安装工艺见表 2-2-9，并填写安装顺序号。

表 2-2-9　安装工艺及安装顺序号记录表

代号	安装工艺	安装顺序号
RG		
Q1		
Q2		
IC		
BL		
C1		
C2		
C3		
R1		
R2		
R3		

特别提示：将正负极铁片插入电池盒对应的位置，在正负极接线点焊上焊锡，方便电源线连接，如图 2-2-9 所示。

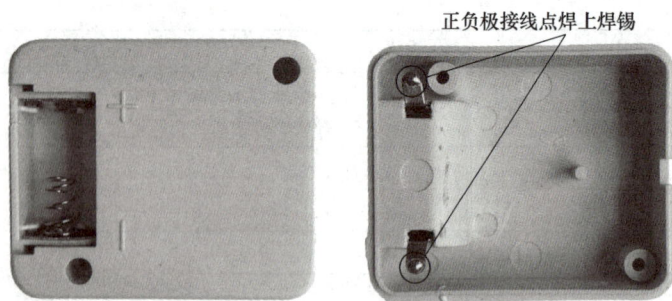

图 2-2-9　电池正负极铁片安装图

特别提示：光敏电阻用导线连接后，安装在黑色支架里面，如图 2-2-10 所示。

图 2-2-10　光敏电阻支架安装图

（2）焊接　焊接面有铜箔走线和圆形焊盘面，用"焊接五步法"焊接元器件，焊点呈正弦波峰形状，不能出现虚焊、假焊、漏焊和相邻焊点桥接等现象。翻转电路板焊接时，若元器件往下掉，影响元器件安装工艺及焊接质量，可在电路板元器件面放上一块纸板，防止元器件掉落，这样焊接非常方便。

特别提示：

① 语音芯片焊接时应注意方向，且焊接要迅速完成，以免损坏芯片，如图 2-2-11 所示。

② 用手拿扬声器时，要拿住金属部分，不要接触纸盆，以免因用力而损坏纸盆。

③ 扬声器引线的焊接要迅速完成，如果焊接时间太长，会使扬声器焊点与音圈引线脱落。

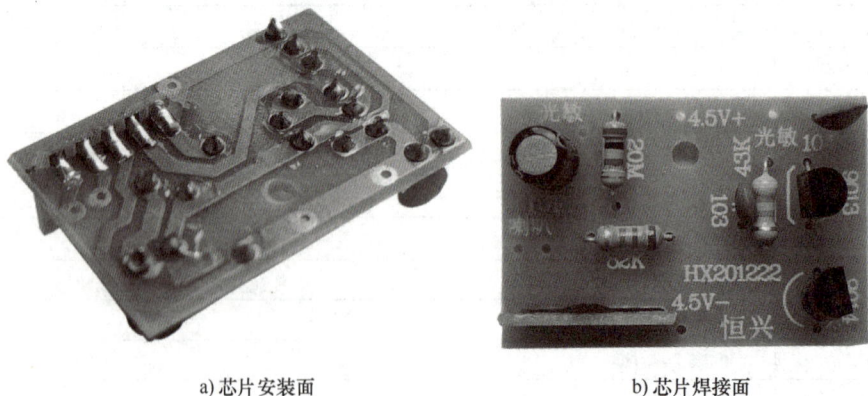

a)芯片安装面　　　　　　　　　　b)芯片焊接面

图 2-2-11　语音芯片安装图

（3）剪脚　用斜口钳剪掉元器件引脚，要保留 1~2mm 的长度，注意不要齐根剪平。元器件安装完成后，连接扬声器、电源引线，扣上迎宾器外壳，拧紧螺钉。电路安装效果图如图 2-2-12 所示，迎宾器实物图如图 2-2-13 所示。

特别提示：将光敏电阻与电路板用导线连接，将电路板卡入壳内的塑料柱上，然后用电烙铁烫扁塑料柱来固定电路板。

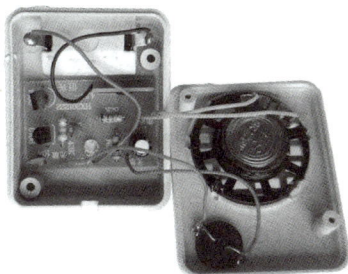

图 2-2-12 电路安装效果图

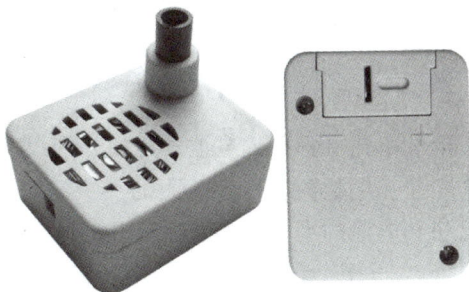

图 2-2-13 迎宾器实物图

■活动 4 调试与检测

通电前，先用直观检查法重点检查晶体管、语音芯片安装是否正确，若装反，会出现电源短路、元器件炸裂、冒烟等现象，非常危险。检查无误后，在电池盒里安装三节纽扣电池（确保正负极正确，电压约为 4.5V），然后通电调试。

1）根据表 2-2-10 中的状态要求，用万用表测量相关参数，记录在表 2-2-10 中。

表 2-2-10 相关参数及工作状态记录表

工作状态	Q2 的 U_{BE}	Q2 的 U_{CE}	Q2 状态	Q1 的 U_B	Q1 的 U_C	Q1 状态
无客人时						
检测到有客人时						

2）用示波器测量 Q1 集电极电压波形参数，记录在图 2-2-14 中。

Q1集电极电压波形		Vmax 值	通道耦合方式
		示波器 Y轴挡位	示波器 X轴挡位

a) 未检测到客人时

Q1集电极电压波形		Vmax 值	通道耦合方式
		示波器 Y轴挡位	示波器 X轴挡位

b) 检测到客人时

图 2-2-14 波形参数测量

【相关知识】

■知识 1 电路工作过程

光敏电阻安装在黑色塑料管中，当有客人从黑色塑料管前经过时会引起光线的亮暗强弱变化，使光敏电阻的阻值改变，在电阻 R3 上引起微小的电压变化，这个变化的电压经过 C3 耦合给晶体管 Q2，经晶体管 Q1 放大到足够电压值后，提供给语音芯片的触发端 2 脚，语音芯片得到触发信号后，驱动扬声器发出"你好，欢迎光临！"的语音。

■知识 2　纽扣电池的种类

纽扣电池也称扣式电池，是指外形尺寸像一颗小纽扣的电池，一般来说直径较大、厚度较薄。纽扣电池的型号中前面的英文字母表示电池的种类，数字表示尺寸（直径×厚度）。常见纽扣电池的型号及参数见表 2-2-11。

表 2-2-11　常见纽扣电池的型号及参数

电池型号	标称电压	标称容量	最大尺寸（直径×厚度）
CR2025	3V	150mA·h	20mm×2.5mm
CR2032	3V	210mA·h	20mm×3.2mm
CR2016	3V	75mA·h	20mm×1.6mm
CR1632	3V	120mA·h	16mm×3.2mm
AG13（LR44）	1.5V	160mA·h	11.6mm×5.4mm
AG10（LR54）	1.5V	80mA·h	11.6mm×3.1mm
AG3（LR41）	1.5V	42mA·h	7.9mm×3.6mm
SR44	1.55V	180mA·h	11.6mm×5.4mm
SR626	1.55V	25mA·h	6.8mm×2.6mm

纽扣电池体形较小，在各种微型电子产品中得到了广泛的应用。其直径一般为 4.8~30mm，厚度一般为 1~7.7mm。纽扣电池一般用于各类电子产品的后备电源，如计算机主板、电子手表、电子词典、电子秤、遥控器、电动玩具和心脏起搏器等，例如用于计算机主板上的 CR2032，用于电子词典的 CR2025，用于电子手表的 CR2016。常见纽扣电池的外形及用途如图 2-2-15 所示。

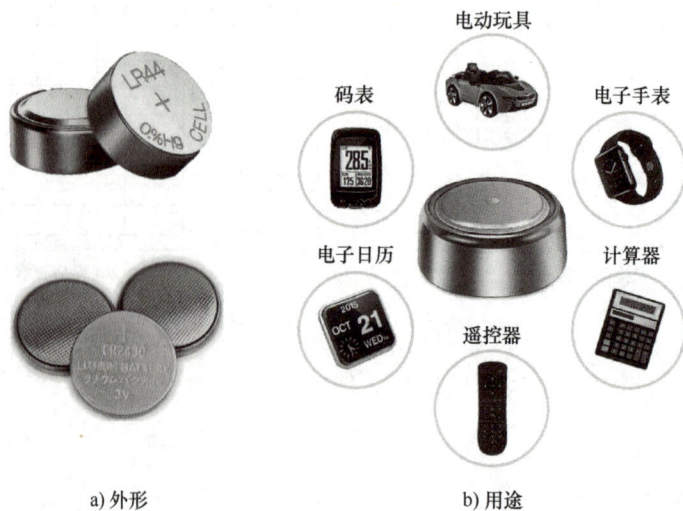

a) 外形　　　　　　　b) 用途

图 2-2-15　常见纽扣电池的外形及用途

【实践拓展】

同学们，你们已具备了迎宾器开关制作技能，熟知了电路工作过程，可以找老师领取迎宾器进行制作。这款迎宾器的工作电压为交流220V，根据电路图制作吧！电路图和实物图如图2-2-16和图2-2-17所示，元器件清单见表2-2-12。

特别提示：迎宾器的工作电压为交流220V，安装调试时应注意安全，以免触电。

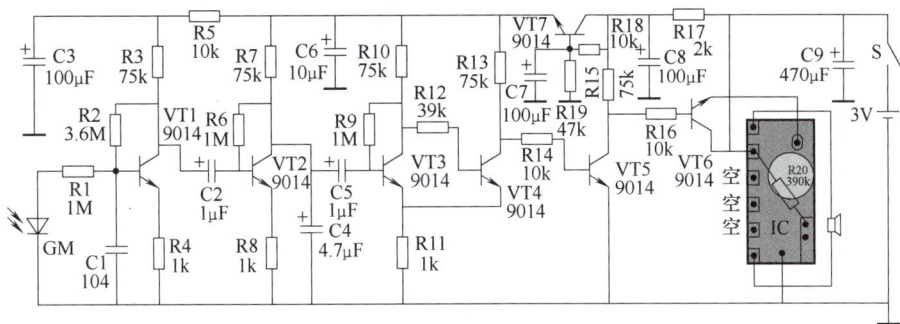

图2-2-16　电路图

图2-2-17　实物图

表2-2-12　元器件清单

名称	数量	名称	数量	名称	数量
电阻 1k	3	电容 104	1	芯片	1
电阻 2k	1	电容 1μF	2	热缩管	1
电阻 10k	4	电容 4.7μF	1	焊片	1
电阻 39k	1	电容 10μF	1	电路板	1
电阻 47k	1	电容 100μF	3	正极片	1
电阻 75k	5	电容 470μF	1	正负极片	2
电阻 390k	1	9014	7	自攻螺钉	2
电阻 1M	3	光电二极管	1	细导线	4
电阻 3.6M	1	开关	1	图样	1

【任务评价】

迎宾器制作评价表见表2-2-13。

表2-2-13　迎宾器制作评价表

评价项目	配分	评价标准	评价记录
元器件选择	10分	1. 能准确记录元器件名称、电路符号及型号规格，每错一处扣1分 2. 元器件电路符号记录不标准，每处扣1分	
元器件检测	20分	1. 能熟练使用万用表对元器件进行检测，正确画出其示意图，记录其参数、质量及作用，每错一处扣1分 2. 万用表使用不正确、不规范扣2分	

（续）

评价项目	配分	评价标准	评价记录
安装工艺	30 分	1. 元器件整形、插装、焊点、剪脚符合工艺要求,不符合的每处扣 1 分,正负极错误的每处扣 2 分 2. 能正确描述"焊接五步法",每错一处扣 1 分 3. 焊接工具使用不规范扣 5 分	
调试与检测	30 分	1. 能熟练使用万用表、示波器测量电路参数,使用不正确、不规范扣 2 分 2. 能正确记录电路状态,画出测量波形图,每错一处扣 1 分 3. 电路出现电源短路、元器件炸裂、冒烟等现象,扣 20 分	
职业素养	10 分	1. 遵守实训管理制度、安全操作规范。出现不遵守管理制度、操作不符合安全规范的行为每次扣 5 分,扣完为止 2. 爱惜实训设备和器材,任务完成后清理工位,整理工具设备,关闭实训台电源。设备及工具摆放杂乱扣 2 分,工位未清理扣 2 分,损坏仪器仪表扣 5 分,扣完为止	

任务 3　制作模拟电子蜡烛

【任务描述】

本电路模拟日常生活中蜡烛点火亮,风吹灭的现象,实现电子蜡烛的功能。当用打火机、火柴等明火靠近红外接收管,或者接收到较强光线的时候,电路板上的七彩 LED 点亮;当朝驻极体传声器吹气或者拍手发声时,LED 熄灭,趣味横生,完美展示电子蜡烛的功能。学习本电路不仅能提高电子技能水平,还可以用于生日晚会烘托气氛,达成学以致用的目的。

【任务目标】

1. 能正确识读、检测元器件参数。
2. 能正确分析电路工作过程。
3. 能根据工艺要求组装调试电路。
4. 能用仪器仪表测量电路参数。

【职业素养】

1. 着装规范,安全操作,爱护设备。
2. 任务操作遵规守纪、精益求精。
3. 任务完成后规范整理工作台面。

【实践操作】

模拟电子蜡烛原理图如图 2-2-18 所示,从图中看出元器件比前几个任务要多,主要由 CD4013、驻极体传声器、红外接收二极管、晶体管等构成。按电路要求完成制作后,就可

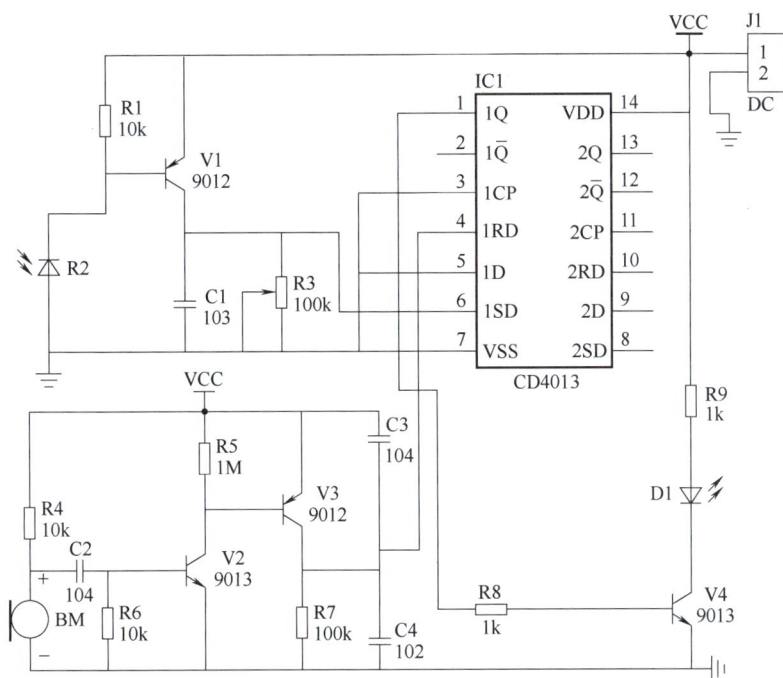

图 2-2-18 模拟电子蜡烛电路原理图

以模拟蜡烛点燃或熄灭。

电路工作过程：CD4013 是个双 D 触发器，由 2 个相同且相互独立的数据型触发器构成。每个触发器有独立的数据、置位、复位、时钟输入和 Q 及反相 Q 输出，此器件可用作移位寄存器，且通过将 Q 输出连接到数据输入，也可用作计数器。在时钟上升沿触发时，加在 D 输入端的逻辑电平送到 Q 输出端，置位和复位与时钟无关，而分别由置位或复位线上的高电平完成。本电路利用双 D 触发器 CD4013 中的一个 D 触发器，将其接成 RS 触发器形式。接通电源后，R7 和 C3 组成的微分电路产生一个高电平微分脉冲加到 IC1 的 1RD 端，强制电路复位，1Q 端输出低电平，送到晶体管 V4 的基极，V4 截止，发光二极管 D1 不发光。

当用打火机烧热敏电阻 R2（也可以用红外接收二极管代替 R2）时（烧的时间不能太长，否则容易烧坏热敏电阻），R2 的阻值突然变小，呈现低电阻状态，晶体管 V1 导通，产生的高电平脉冲送到 CD4013 的 1SD 端，使 1Q 端翻转为高电平，送到晶体管 V4 的基极，V4 导通，发光二极管 D1 发光。这一过程相当于用火柴点亮蜡烛，此时即使打火机离开热敏电阻 R2，也不会使电路状态发生改变，发光二极管 D1 维持发光。

当对驻极体传声器 BM 吹气时，驻极体传声器 BM 输出的音频信号由 C2 送到 V2 进行放大，放大后的信号驱动 V3 导通，输出脉冲信号到 CD4013 的 1RD 端，触发器复位，1Q 变成低电平，V4 截止，D1 熄灭，实现风吹火熄的效果。

■ 活动 1 　元器件选择

准备电路所需元器件，了解它们在电路中的作用，将元器件名称、电路符号及型号规格填写在表 2-2-14 中，未列举出的配件及数量填写在表格最下方。

表 2-2-14　元器件选择记录表

代号	元器件名称	电路符号	型号规格
R1、R4～R9			
R3			
R2			
C1～C4			
V1			
V2			
V3			
V4			
D1			
BM			
IC1			
其他元器件			

■活动 2　元器件检测

用万用表对所有元器件进行质量检测，确保各元器件质量可靠。特别是有极性的元器件必须正确安装。将检测结果填写在表 2-2-15 和表 2-2-16 中。

表 2-2-15　元器件检测记录表

代号	参数检测						质量判断	元器件作用
R2	正向电阻			反向电阻				
V1	三个引脚之间的阻值						画外形示意图，标注引脚功能	
	R_{BC}	R_{BE}	R_{CE}	R_{CB}	R_{EC}	R_{EB}		
V2	三个引脚之间的阻值						画外形示意图，标注引脚功能	
	R_{BC}	R_{BE}	R_{CE}	R_{CB}	R_{EC}	R_{EB}		
V3	三个引脚之间的阻值						画外形示意图，标注引脚功能	
	R_{BC}	R_{BE}	R_{CE}	R_{CB}	R_{EC}	R_{EB}		
V4	三个引脚之间的阻值						画外形示意图，标注引脚功能	
	R_{BC}	R_{BE}	R_{CE}	R_{CB}	R_{EC}	R_{EB}		

（续）

代号	参数检测			质量判断	元器件作用
C1	标称容量		介质		
C2					
C3					
C4					
R1	色环排列顺序	标称值	测量值（挡位）		
R4					
R5					
R6					
R7					
R8					
R9					
R3	标称值		测量值（挡位）		
D1	正向电阻	反向电阻	画外形示意图，标注极性		
BM	万用表红表笔接驻极体传声器漏极 D、黑表笔接源极 S 时的阻值		吹气时的阻值		

表 2-2-16 IC1 正反向电阻测量记录表

	正向电阻													挡位
IC1	1—7	2—7	3—7	4—7	5—7	6—7	8—7	9—7	10—7	11—7	12—7	13—7	14—7	
	反向电阻													
	7—1	7—2	7—3	7—4	7—5	7—6	7—8	7—9	7—10	7—11	7—12	7—13	7—14	

特别提示：由于集成电路的引脚和功能比较多，通过正反向阻值测量只能初步判断其好坏，如果 VSS 与 VDD 之间短路可直接判定为损坏。

■活动 3　电路组装

（1）安装　结合电路图及装配图，先将元器件引脚按电路板安装孔位置成形，后装入元器件。注意区别红外接收二极管和发光二极管，二者的位置和极性不能装错。电路安装遵循由小到大、由里到外的原则，将安装顺序填写在表 2-2-17 中。

表 2-2-17　安装顺序表

安装顺序号	按照元器件大类填写

特别提示：集成电路 CD4013 缺口对准电路板丝印缺口安装，切记不要装反。集成电路安装位置图如图 2-2-19 所示。

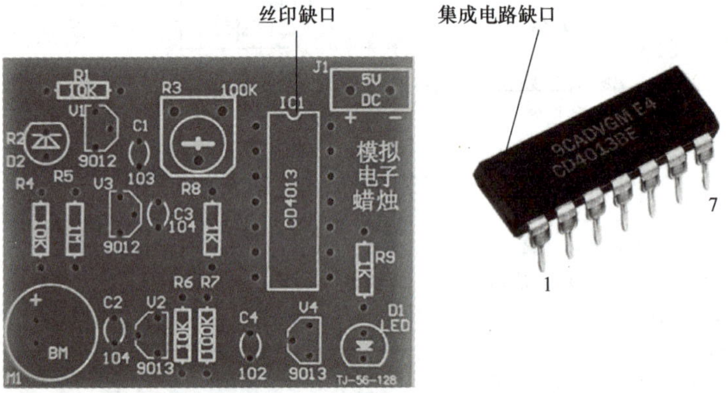

图 2-2-19　集成电路安装位置图

（2）焊接　焊接面有铜箔走线和圆形焊盘面，用"焊接五步法"焊接元器件，焊点呈正弦波峰形状，不能出现虚焊、假焊、漏焊和相邻焊点桥接等现象。

特别提示：

① 集成电路、驻极体传声器的焊接要迅速完成，以免损坏元器件。

② 焊接集成电路 CD4013 时，先焊接对角线引脚固定器件，再快速依次焊接其余引脚。

（3）剪脚　用斜口钳剪掉元器件引脚，要保留 1~2mm 的长度，注意不要齐根剪平。电路安装效果图如图 2-2-20 所示。

■活动 4　调试与检测

通电前，先用直观检查法重点检查二极管、晶体管和集成电路安装是否正确，若装反，会出现电源短路、元器件炸裂、冒烟等现象，非常危险。检查无误后，接上直流 5V 电压通电调试。

特别提示：测试时万用表表笔不要太倾斜或者滑落，以免同时触碰多个焊点造成短路。

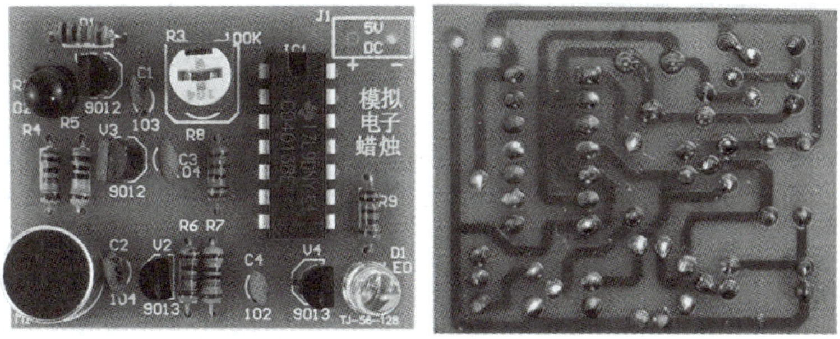

图 2-2-20 电路安装效果图

1）根据表 2-2-18 中的状态要求，用万用表测量相关参数，记录在表 2-2-18 中。

表 2-2-18 相关参数及工作状态记录表

点亮蜡烛	V1 的 U_{BE}	V1 状态	6 脚电平	1 脚电平	V4 的 U_{BE}	V4 状态	D1 状态

吹灭蜡烛	V2 的 U_C	V3 的 U_{EB}	V3 状态	4 脚电平	1 脚电平	V4 状态	D1 状态

2）用示波器测量点亮和吹灭蜡烛时 V4 集电极电压波形参数，记录在图 2-2-21 中。

V4 集电极电压波形	Vmax 值	通道耦合方式
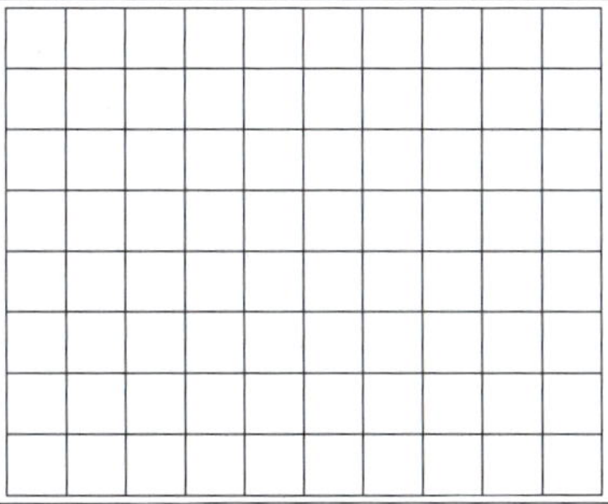		
	示波器 Y 轴挡位	示波器 X 轴挡位

图 2-2-21 波形参数测量

3）R3 在电路中，可以改变电路_____。

【相关知识】

■ 知识 1 微分电路

1）微分电路是将矩形脉冲变换为尖脉冲的电路，常用于信号检测电路。构成 RC 微分电路需满足如下两个条件：

① 输出信号取自电阻 R 的两端。

② 电路的时间常数 τ（$\tau = RC$）应远小于输入矩形脉冲宽度 t_p，即 $\tau \ll t_p$。

89

2）电路结构如图 2-2-22 所示。

电路工作过程：接通电源，充电电流经过 C 和 R，由于电容两端电压不能突变，电容两端电压为 0，因 C 和 R 串联，电阻两端电压为电源电压。随着时间的增加，电容两端缓慢充电，两端电压缓慢上升，此时，电阻两端电压逐渐降低，形成正尖脉冲。电容充满电后向电阻放电，电容两端电压逐渐下降，此时，在电阻两端形成负脉冲电压。当电容放完电后，电源电压又向电容充电，如此循环。波形变换过程如图 2-2-23 所示。

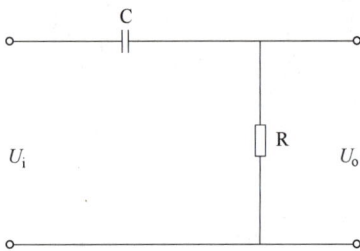

图 2-2-22　电路结构

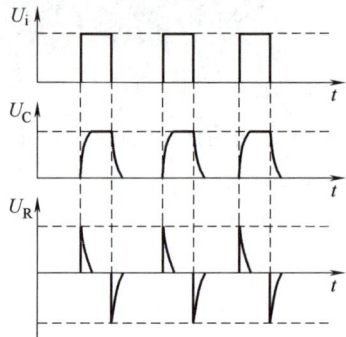

图 2-2-23　波形变换过程

■知识 2　驻极体传声器

驻极体传声器是一种声电转换器件，具有体积小、结构简单、电声性能好、价格低等特点，广泛用于无线传声器及声控电路等。

驻极体传声器常分为两端式和三端式。两端式驻极体传声器有两个输出引脚，与外壳相连的为接地端，另一个引脚可能是源极也可能是漏极。有的传声器会在引脚上标出"＋"，表示正极，另一端为负极，如图 2-2-24a 所示。三端式驻极体传声器有三个输出引脚，分别对应场效应晶体管的栅极、源极和漏极，如图 2-2-24b 所示。

驻极体传声器工作过程：当驻极体膜片遇到声波振动时，驻极体振动膜片与金属极板之间的电容随着声波变化产生交变电压，送入结型场效应晶体管进行放大，就得到了和声波相对应的输出电压信号。

■知识 3　CD4013 集成电路

（1）引脚功能　CD4013 的引脚图如图 2-2-25 所示，其引脚功能见表 2-2-19。

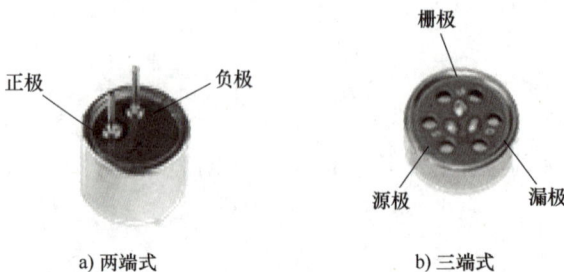

a) 两端式　　　　　b) 三端式

图 2-2-24　驻极体传声器的引脚功能

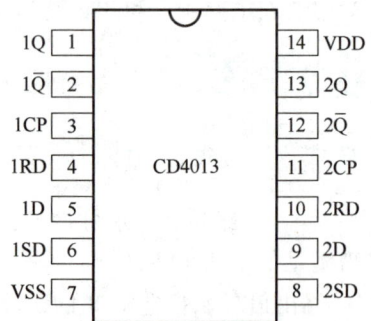

图 2-2-25　CD4013 的引脚图

表 2-2-19 CD4013 的引脚功能

引脚序号	引脚名称	引脚功能
5	1D	数据输入端
9	2D	
3	1CP	时钟输入端
11	2CP	
1	1Q	原码输出端
13	2Q	
2	$1\overline{Q}$	反码输出端
12	$2\overline{Q}$	
6	1SD	直接置位端
8	2SD	
4	1RD	直接复位端
10	2RD	
14	VDD	电源正
7	VSS	地

（2）真值表 CD4013 有两个 D 触发器，一个 D 触发器有 6 个端子，即 2 个输出和 4 个控制，其中 4 个控制分别是 RD、SD、CP、D。其真值表见表 2-2-20，分析其真值表注意以下 4 点：

① RD 和 SD 不能同时为高电平。

② 当 RD 为 1、SD 为 0 时，输出 Q 一定为 0，因此 RD 可称为复位端。

③ 当 SD 为 1、RD 为 0 时，输出 Q 一定为 1。

④ 当 RD、SD 均为 0 时，Q 在 CP 端有脉冲上升沿到来时动作，使 Q = D，即若 D 为 1 则 Q 也为 1，若 D 为 0 则 Q 也为 0。

表 2-2-20 D 触发器的真值表

RD（复位端）	SD（置位端）	Q（输出端）
1	0	0
0	1	1
0	0	D
1	1	×

【实践拓展】

该电路使用 CD4013 的第一组 D 触发器控制蜡烛的亮与灭，请将电路改为用第二组 D 触发器的 1SD、1D、1RD、2Q 实现相应功能。

【任务评价】

模拟电子蜡烛制作评价表见表 2-2-21。

表 2-2-21　模拟电子蜡烛制作评价表

评价项目	配分	评价标准	评价记录
元器件选择	10 分	1. 能准确记录元器件名称、电路符号及型号规格,每错一处扣 1 分 2. 元器件电路符号记录不标准,每处扣 1 分	
元器件检测	20 分	1. 能熟练使用万用表对元器件进行检测,正确画出其示意图,记录其参数、质量及作用,每错一处扣 1 分 2. 万用表使用不正确、不规范扣 2 分	
安装工艺	30 分	1. 元器件整形、插装、焊点、剪脚符合工艺要求,不符合的每处扣 1 分,正负极错误的每处扣 2 分 2. 能正确描述"焊接五步法",每错一步扣 1 分 3. 焊接工具使用不规范扣 5 分	
调试与检测	30 分	1. 能熟练使用万用表、示波器测量电路参数,使用不正确、不规范扣 2 分 2. 能正确记录电路状态,画出测量波形图,每错一处扣 1 分 3. 电路出现电源短路、元器件炸裂、冒烟等现象,扣 20 分	
职业素养	10 分	1. 遵守实训管理制度、安全操作规范。出现不遵守管理制度、操作不符合安全规范的行为每次扣 5 分,扣完为止 2. 爱惜实训设备和器材,任务完成后清理工位,整理工具设备,关闭实训台电源。设备及工具摆放杂乱扣 2 分,工位未清理扣 2 分,损坏仪器仪表扣 5 分,扣完为止	

项目3 运放电路

任务1 制作红外感应报警器

【任务描述】

红外感应报警器能探测人体发出的红外线，它主要由红外传感器、电压比较器、报警指示电路等组成。当有人进入报警器的监视区域内时，它即可发出报警信号。红外感应报警器适用于家庭、办公室、仓库、实验室、商铺等重要场合的防盗报警。

【任务目标】

1. 能正确识读、检测元器件参数。
2. 能用仪器仪表测量电路参数。
3. 能正确分析电路工作过程。
4. 能根据工艺要求组装调试电路。

【职业素养】

1. 着装规范，安全操作，爱护设备。
2. 任务操作遵规守纪、精益求精。
3. 任务完成后规范整理工作台。

【实践操作】

红外感应报警器电路原理图如图 2-3-1 所示。从图中可以看出，该电路主要由红外发射二极管、红外接收二极管、LM358 运算放大器、蜂鸣器和报警指示灯等组成。电路制作完成后，就可以体验红外报警器功能了。

功能介绍：本电路可以实现用手靠近红外接收二极管时，蜂鸣器发声，LED 灯点亮，手移开后蜂鸣器立即停止发声，LED 灯熄灭，灵敏度非常高。红外感应电路由以红外发射二极管 D1、红外接收二极管 D2 为核心的红外感应电路，以可调电阻 VR3、LM358 运算放大器为核心的取样比较电路，以晶体管 V1 和 V2、蜂鸣器 Y1、发光二极管 D3 为核心的声音输出、显示电路构成。

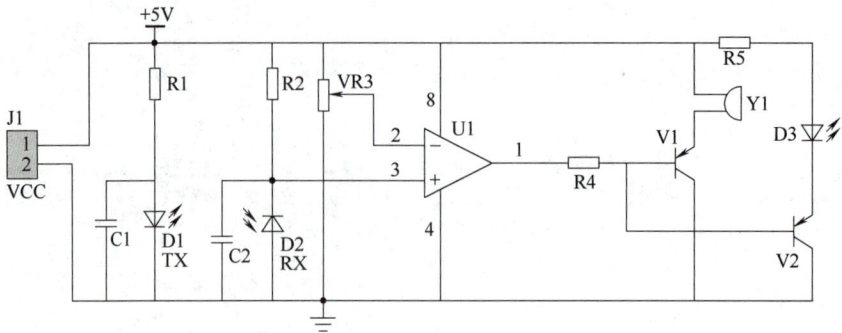

图 2-3-1　红外感应报警器电路原理图

■活动 1　元器件选择

准备电路所需元器件，了解它们在电路中的作用，将元器件名称、电路符号及型号规格填写在表 2-3-1 中。

表 2-3-1　元器件选择记录表

代号	元器件名称	电路符号	型号规格
D1			
D2			
D3			
V1			
V2			
Y1			
R1			
R2			
VR3			
R4			
R5			
C1			
C2			
U1			

■活动 2　元器件检测

用万用表对所有元器件进行质量检测，确保各元器件质量可靠。光电二极管、发光二极管、电解电容必须识读其正负极才能正确安装。将检测结果填写在表 2-3-2 中。

表 2-3-2　元器件检测记录表

代号	参数检测			质量判断	元器件作用
D1	正向电阻	反向电阻	测量挡位		

（续）

代号	参数检测						质量判断	元器件作用
D2								
D3								
V1	三个引脚之间的阻值						画外形示意图，标注引脚功能	
	R_{BC}	R_{BE}	R_{CE}	R_{CB}	R_{EC}	R_{EB}		
V2	三个引脚之间的阻值						画外形示意图，标注引脚功能	
	R_{BC}	R_{BE}	R_{CE}	R_{CB}	R_{EC}	R_{EB}		
C1	标称容量			介质				
C2								
R1	色环排列顺序		标称值		测量值			
R2								
R4								
R5								
VR3	标称值		分别测量三个引脚间的阻值					
Y1	正负极间的阻值							
U1	画出外形示意图（标注引脚序号）							

■ 活动 3　电路组装

（1）安装　根据电路图，先将元器件引脚按电路板安装孔位置成形，在丝印层装入元器件，正确安装红外发射二极管、红外接收二极管、晶体管和 LM358 等元器件。电路安装遵循由小到大、由里到外的原则，将安装工艺及安装顺序号填写在表 2-3-3 中。

表 2-3-3　安装工艺及安装顺序号记录表

代号	安装工艺	安装顺序号
D1		
D2		
V1、V2		
R1、R2、R4、R5		
VR3		

（续）

代号	安装工艺	安装顺序号
C1		
C2		
Y1		
D3		
U1		

（2）焊接 焊接面有铜箔走线和圆形焊盘面，根据"焊接五步法"要求焊接元器件，焊点呈正弦波峰形状，不能出现虚焊、假焊、漏焊和相邻焊点桥接等现象。

特别提示：LM358 集成电路缺口朝向和丝印缺口方向一致，焊接时间要短。

（3）剪脚 用斜口钳剪掉元器件引脚，要保留 1~2mm 的长度，注意不要齐根剪平。完成后的实物图如图 2-3-2 所示。

图 2-3-2 完成后的实物图

■活动 4 调试与检测

通电前，先用直观检查法重点检查有极性元器件是否安装正确，若装反，会出现电源短路、元器件炸裂、冒烟等现象，影响电路功能。检查无误后，接上直流 5V 电源通电调试。

1）检测到人体信号时，D1 正极电压为_____，U1 的 3 脚电压 $U_3 =$ _____，此时调节电位器 VR3，使 1 脚输出_____，V1、V2 基极为_____，两个晶体管导通，蜂鸣器发出报警声，D3 点亮。

2）未检测到人体信号时，U1 的 3 脚电压为_____，U1 的 1 脚电压为_____，V1 的 U_{EC} 为_____，V1 工作状态为_____，V2 的 U_{EC} 为_____，V2 工作状态为_____，Y1 状态为_____，D1 状态为_____。

3）用示波器测量检测到人体信号和未检测到人体信号时 U1 的 1 脚电压波形参数，记录在图 2-3-3 中。

U1的1脚电压波形	Vmax 值	通道耦合方式
	示波器 Y轴挡位	示波器 X轴挡位

图 2-3-3 波形参数测量

【相关知识】

■知识 1 LM358 简介

LM358 运算放大器属于一种低功率双运算放大器，内部由两个独立运算放大器组成，专门设计用于在宽电压范围内由单电源供电，可在低至 3V 或高达 32V 的电源电压下工作。LM358 的外形及内部结构如图 2-3-4 所示。

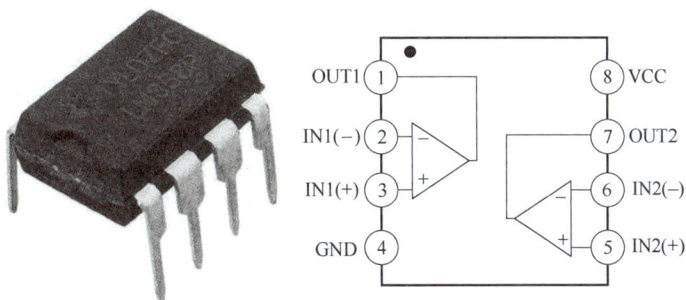

图 2-3-4 LM358 的外形及内部结构

工作原理：8 脚为电源正，4 脚为电源负，2 脚电压与 3 脚电压比较，6 脚电压与 5 脚电压比较，分别对应两个独立的输出——OUT1 与 OUT2。当 IN1（+）大于 IN1（-）、IN2（+）大于 IN2（-）时，OUT1、OUT2 输出高电平；当 IN1（+）小于 IN1（-）、IN2（+）小于 IN2（-）时，OUT1、OUT2 输出低电平。

LM358 的引脚功能见表 2-3-4。

表 2-3-4 LM358 的引脚功能

引脚号	功能
1	输出 1,输出端
2	输入 1(-),反相输入端
3	输入 1(+),同相输入端
4	双电源时接电源负,单电源时接地
5	输入 2(+),同相输入端
6	输入 2(-),反相输入端
7	输出 2,输出端
8	电源正

注：1、2、3 脚是一个运放通道，5、6、7 脚是另一个运放通道。

■知识 2　红外发射/接收二极管

红外发射二极管一般都是透明状的，可以清晰地看到内部的结构。它是将电能直接转换成近红外光（不可见光）并能辐射出去的发光器件。红外接收二极管大多数都是黑色不透明的树脂封装。它是将红外信号转变为电信号的电子器件，主要应用于电子产品、电子仪表、电表、水表以及各种安防设备中。

在红外二极管的端部不受光线照射的条件下调换表笔测量，发射管的正向电阻小、反向电阻大，且黑表笔接正极（长引脚）时，电阻小的（1~20kΩ）是发射管；正、反向电阻都很大的是接收管。

【实践拓展】

同学们，你们刚刚制作完成的报警器是利用红外接收二极管作为检测电路，市场上还有利用热释电红外传感器来检测人体信号，实现防盗报警功能的，其电路稍微复杂点。你们已经具备了相关技能，找老师领取热释电红外传感器防盗电路，挑战一下自己的专业技能。在老师的指导下，相信你们能完成热释电红外传感器防盗电路的制作。热释电红外传感器防盗电路图、实物图分别如图 2-3-5 和图 2-3-6 所示。

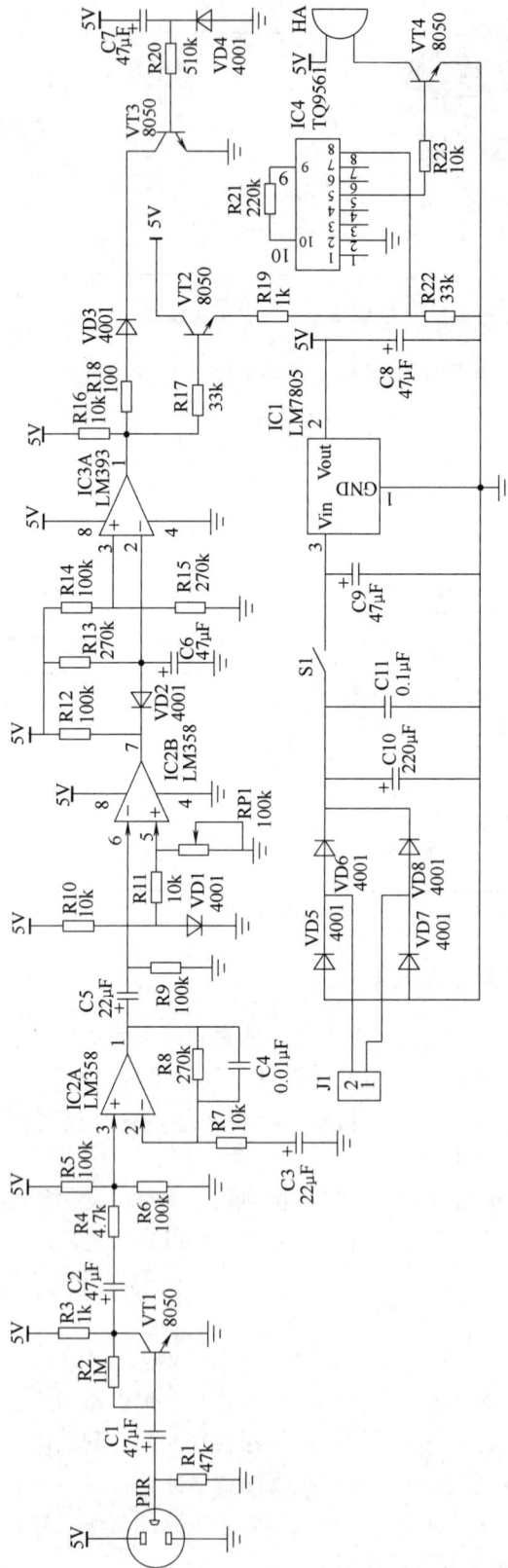

图 2-3-5 热释电红外传感器防盗电路图

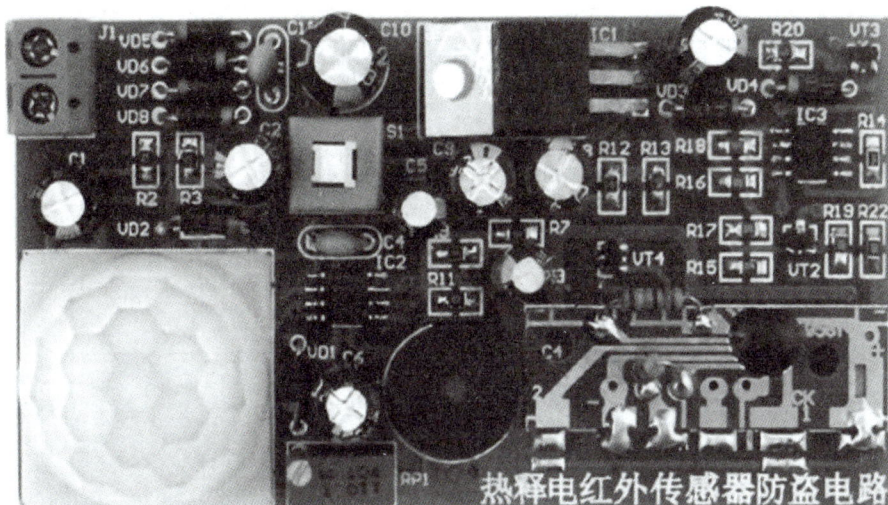

图 2-3-6　热释电红外传感器防盗电路的实物图

电路工作过程：热释电红外传感器防盗电路由热释电红外传感器 PIR、集成运放 LM358、电压比较器 LM393、报警电路及开机延时电路等组成。该电路可用于家居防盗。在家人离开居室时，把开关 S1 闭合，电路便开始工作，有人进入室内一段时间后便会发声报警。

1）电路通电后，热释电红外传感器 PIR 探测到前方人体辐射出的红外信号时，由 PIR 22 脚输出微弱的电信号，经晶体管 VT1 放大后，通过 C2 输入到运算放大器 IC2A 的 3 脚进行高增益低噪声放大，再由 IC2A 的 1 脚输出信号。

2）IC2B 在电路中作为电压比较器，它的 5 脚由 R10、VD1 提供基准电压，当 IC2A 的 1 脚输出的信号到达 IC2B 的 6 脚时，5、6 脚输入的电压进行比较。如果此时的 6 脚电压比 5 脚高，IC2B 的 7 脚由原来的高电平变为低电平。此时，C6 通过 VD2 放电，使 IC3A 的 2 脚变为低电平，如果 2 脚的电压比 3 脚（由电阻 R14、R15 分压）提供的基准电压低，则 IC3A 的 1 脚变为高电平，晶体管 VT2 导通，音乐芯片 IC4 获得电压，其 5 脚输出的音频信号经过晶体管 VT4 放大后，驱动蜂鸣器 HA 发出报警声音。

3）当人离开探测区时，IC2B 的 7 脚变为高电平，VD2 截止，C6 有一个充电时间（30s），使得蜂鸣器延时报警 30s。

4）VT3、R20 与 C7 组成开机延时电路，开机延时时间约为 2min（应大于延时报警时间），以防止开机时立即报警，让人有时间离开现场，也可防止在停电后再来电时造成误动作。

【任务评价】

红外感应报警器制作评价表见表 2-3-5。

表 2-3-5　红外感应报警器制作评价表

评价项目	配分	评价标准	评价记录
元器件选择	10 分	1. 能准确记录元器件名称、电路符号及型号规格，每错一处扣 1 分 2. 元器件电路符号记录不标准，每处扣 1 分	

(续)

评价项目	配分	评价标准	评价记录
元器件检测	20分	1. 能熟练使用万用表对元器件进行检测,正确画出其示意图,记录其参数、质量及作用,每错一处扣1分 2. 万用表使用不正确、不规范扣2分	
安装工艺	30分	1. 元器件整形、插装、焊点、剪脚符合工艺要求,不符合的每处扣1分,正负极错误的每处扣2分 2. 能正确描述"焊接五步法",每错一步扣1分 3. 焊接工具使用不规范扣5分	
调试与检测	30分	1. 能熟练使用万用表、示波器测量电路的输入、输出电压,使用不正确、不规范扣2分 2. 能正确记录电路状态,画出测量波形图,每错一处扣1分 3. 电路出现电源短路、元器件炸裂、冒烟等现象,扣20分	
职业素养	10分	1. 遵守实训管理制度、安全操作规范。出现不遵守管理制度、操作不符合安全规范的行为每次扣5分,扣完为止 2. 爱惜实训设备和器材,任务完成后清理工位,整理工具设备,关闭实训台电源。设备及工具摆放杂乱扣2分,工位未清理扣2分,损坏仪器仪表扣5分,扣完为止	

任务2 LM358 呼吸灯电路的安装与调试

【任务描述】

本任务将制作一款呼吸灯电路。呼吸灯的灯光在由亮到暗再由暗变亮逐渐变化时,感觉就像是人在呼吸。呼吸灯被广泛用于数码产品、计算机、音响、汽车等各个领域,起到了很好的视觉装饰效果。

【任务目标】

1. 能正确识读元器件参数。
2. 能用仪器仪表测量电路参数。
3. 能正确分析电路工作过程。
4. 能根据工艺要求组装与调试电路。

【职业素养】

1. 着装规范,安全操作,爱护设备。
2. 任务操作遵规守纪、精益求精。
3. 任务完成后规范整理工作台。

【实践操作】

LM358 呼吸灯电路原理图如图 2-3-7 所示。按电路要求完成制作并接通直流 9V 电源后,

LED 将呈现出暗—渐亮—亮—渐暗—暗—渐亮—亮的周期性变化效果，通过调整 RP 的阻值可以调整呼吸的速度。

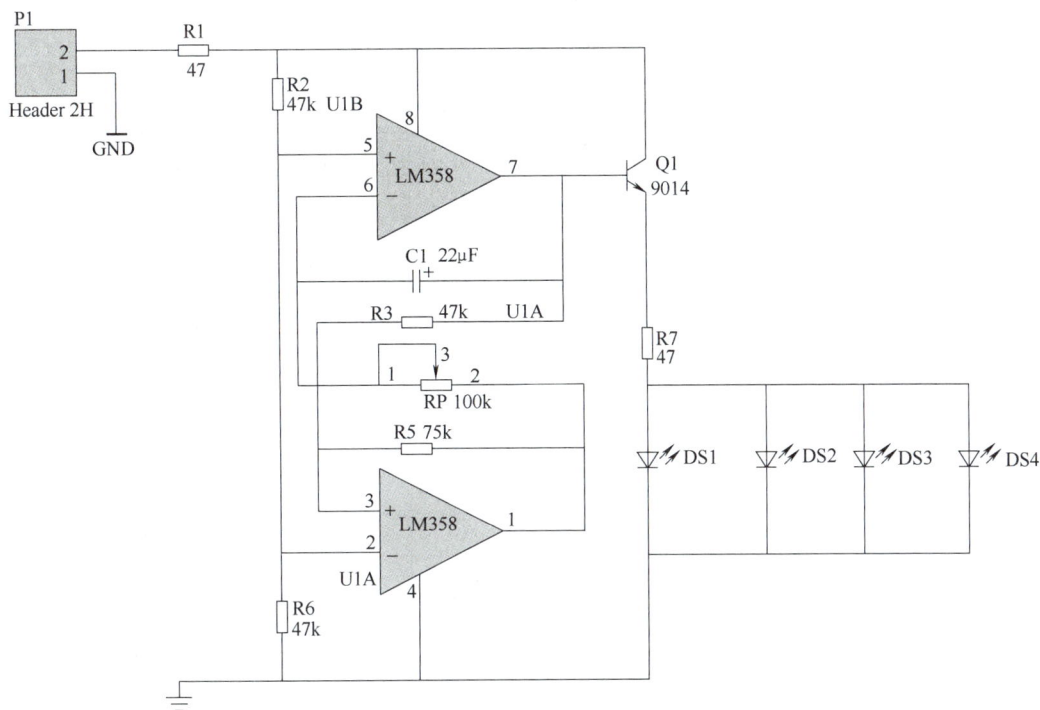

图 2-3-7　LM358 呼吸灯电路原理图

电路工作原理如下：

第一步：这时候 C1 相当于短路，LM358 的输出为 LM358 的 5 脚电压。

第二步：这个电压送到下面的 LM358，下面的正反馈电路使下面的 LM358 的输出为高电平，高电平电压为 U_{CC}。

第三步：当下面的 LM358 的输出为 U_{CC} 时，电容 C1 两端就产生电压差，这时下面的 LM358 的输出经过 RP、C1 和 Q1，给 C1 充电。在给 C1 充电时，电流流过 Q1，同时 LED 灯也亮着，随着时间的增加，C1 上的充电电流逐渐减小，对应的 LED 也逐渐变暗。

第四步：当 C1 充满电时，C1 相当于开路，这时上面的 LM358 变成一个比较器。因为 6 脚的输入电压大于 5 脚的输入电压，这时 LM358 的 7 脚输出变为低电压 0V。

第五步：当 7 脚输出为 0V 时，经过下面的 LM358 进行正反馈，使下面的 LM358 的输出变为低电压 0V。

第六步：C1 通过 RP 和下面的 LM358 进行放电。

第七步：当 C1 放电导致 6 脚的电压小于 U_{CC} 时，上面的 LM358 的 7 脚电压随 C1 的放电电压开始升高。

第八步：LM358 的 7 脚电压升高后，经过下面的 LM358 的正反馈，使下面的 LM358 的输出又变为 U_{CC}。

第九步：下面 LM358 的输出电压变为 U_{CC} 后，又开始重复第三步及其后面的步骤。

■活动1 元器件选择

准备电路所需元器件，了解它们在电路中的作用，将元器件名称、电路符号及型号规格填写在表 2-3-6 中。

表 2-3-6 元器件选择记录表

代号	元器件名称	电路符号	型号规格
R1、R7			
R2			
R3、R6			
R5			
RP			
C1			
Q1			
DS1 ~ DS4			
U1			
P1			

■活动2 元器件检测

用万用表对所有元器件进行质量检测，确保各元器件质量可靠。LED、电解电容必须识读其正负极才能正确安装。将检测结果填写在表 2-3-7 中。

表 2-3-7 元器件检测记录表

代号	色环排列顺序	标称值	测量值	元器件作用	
R1、R7					
R2					
R3、R6					
R5					
代号	标称值	测量最大值	测量最小值	元器件作用	
RP					
代号	介质	标称容量	耐压值	测量值	元器件作用
C1					
代号	管型	h_{FE} 值	耐压值	测量值	元器件作用
Q1					
代号	正负极图示		元器件作用		
DS1 ~ DS4					
代号	引脚排列顺序图示				
U1					

■ **活动 3　电路组装**

（1）安装　结合电路图及装配图，先将元器件引脚按电路板安装孔位置成形，后装入元器件，特别注意集成电路方向、LED 和电容正负极。电路安装遵循由小到大、由低到高、由里到外的原则，具体要求见表 2-3-8，并填写安装顺序号。

表 2-3-8　安装工艺及安装顺序号记录表

代号	安装工艺	安装顺序号
U1	卧式安装,方向正确,有条件的情况下加装座子	
RP	卧式安装,安装高度以限位标识为准	
C1	立式安装,正负极正确,紧贴电路板	
R1~R3、R5~R7	卧式安装,紧贴电路板	
DS1~DS4	立式安装,正负极正确,安装高度以限位标识为准	
Q1	立式安装,注意引脚顺序,安装高度以限位标识为准	
P1	立式安装,紧贴电路板,接口朝外	

（2）焊接　焊接面有铜箔走线和圆形焊盘面，用"焊接五步法"焊接元器件。

（3）剪脚　用斜口钳剪掉元器件引脚，要保留 1~2mm 的长度，注意不要齐根剪平。完成后的实物图如图 2-3-8 所示。

图 2-3-8　完成后的实物图

■ **活动 4　调试与检测**

通电前，先用直观检查法检查焊点之间有无虚焊、漏焊、短路，重点检查集成电路方向是否正确，以及发光二极管、电解电容极性安装是否正确。检查无误后再通电调试。

1）正常工作时，将 RP 顺时针调到底，用万用表测试表 2-3-9 中的数据并做记录。

表 2-3-9　数据测试表

测量点	U1 的 2 脚电压	U1 的 4 脚电压	U1 的 8 脚电压	Q1 发射极电压	Q1 集电极电压
电压/V					

2）使用螺丝刀将 RP 逆时针调到底，再用示波器测量 Q1 发射极电压波形参数，将结果填入表 2-3-10 中。

3）使用螺丝刀将 RP 顺时针调到底，再用示波器测量 Q1 发射极电压波形参数，将结果填入表 2-3-11 中。

表 2-3-10　波形参数测量表（一）

Q1 发射极电压波形						垂直坐标刻度（VOLTS/DIV）	水平坐标刻度（TIME/DIV）	通道耦合方式
						峰峰值 Vpp	频率	周期

表 2-3-11　波形参数测量表（二）

Q1 发射极电压波形						垂直坐标刻度（VOLTS/DIV）	水平坐标刻度（TIME/DIV）	通道耦合方式
						峰峰值 Vpp	频率	周期

【相关知识】

■ 知识 1　世界上第一块运算放大器

1965 年，Fairchild（仙童）公司推出了 UA709，这在当时是划时代的产品，因此，仙童统治了当时的模拟集成电路市场。随后，仙童在 1968 年推出的 UA741 更是成为有史以来应用最广泛的集成运算放大器。UA741 的实物图如图 2-3-9 所示，它是真正意义上的世界上第一块运算放大器。

图 2-3-9　UA741 的实物图

■ 知识 2　运算放大器的类型

1. 通用型运算放大器

通用型运算放大器是指它的各项参数比较均衡，可以满足大多数情况下的使用要求。它的主要特点是价格低廉、产品量覆盖面广，其性能指标适合一般应用场景，采购渠道也比较多。常见型号有 UA741、LM358 和 LM324。

2. 低温漂型运算放大器

常见型号有 OP-07（TI）、OP-27（TI）、AD508 和 ICL7650。

3. 高精度运算放大器

高精度运算放大器受温度影响小，也就是温漂小、噪声低、灵敏度高，是适合微小信号放大用的运算放大器。高精度运算放大器的常见型号为 CF725M，主要应用在医疗领域中等对输入信号精度要求较高的场景，如量测仪器、控制系统等。

4. 高阻型运算放大器

常见型号有 LF355、LF347、CA3130 和 CA3140。

5. 高速型运算放大器

常见型号有 LM318、AD8052、AD8054 和 EL5171I。

6. 低功耗型运算放大器

常见型号有 LM321、AD849 和 DN148。

7. 高压大功率型运算放大器

常见型号有 PA44、HV732 和 SG143。

8. 可编程控制运算放大器

在仪器仪表的使用过程中，都会涉及量程的问题。为了得到固定电压的输出，就必须改变运算放大器的放大倍数，这就是可编程控制运算放大器。常见型号有 PGA103A、LTC6910。

【实践拓展】

将图 2-3-7 中的 C1 换成一个容量更大的电容，观察 LED 跟之前有什么变化，再测量 Q1 发射极电压波形参数。

【任务评价】

LM358 呼吸灯电路的安装与调试评价表见表 2-3-12。

表 2-3-12　LM358 呼吸灯电路的安装与调试评价表

评价项目	配分	评价标准	评价记录
元器件选择	10分	1. 能准确记录元器件名称、电路符号及型号规格,每错一处扣1分 2. 元器件电路符号记录不标准,每处扣1分	
元器件检测	20分	1. 能熟练使用万用表对元器件进行检测,正确记录其参数、质量及作用,每错一处扣1分 2. 万用表使用不正确、不规范扣2分	
安装工艺	30分	1. 元器件整形、插装、焊点、剪脚符合工艺要求,不符合的每处扣1分,正负极错误的每处扣2分 2. 能正确描述"焊接五步法",错一步扣1分 3. 焊接工具使用不规范扣5分	
调试与检测	30分	1. 能熟练使用万用表准确测试各点电压,使用不正确、不规范扣2分 2. 能正确记录 Q1 发射极的电压波形及参数数据,每错一处扣1分 3. 电路出现电源短路、元器件炸裂、冒烟等现象,扣20分	

（续）

评价项目	配分	评价标准	评价记录
职业素养	10分	1. 遵守实训管理制度、安全操作规范。出现不遵守管理制度、操作不符合安全规范的行为每次扣5分，扣完为止 2. 爱惜实训设备和器材，任务完成后清理工位，整理工具设备，关闭实训台电源。设备及工具摆放杂乱扣2分，工位未清理扣2分，损坏仪器仪表扣5分，扣完为止	

任务3　智能循迹小车的安装与调试

【任务描述】

本任务将制作一款智能循迹小车。在白色的场地上有一条15mm宽的黑色跑道，循迹小车能沿着黑色跑道自动行驶，不管跑道如何弯曲，小车都能自动行驶。它的应用领域很广，可以应用于工业控制、科学勘探、危险搜索、智能家居等领域。

【任务目标】

1. 能正确识读元器件参数。
2. 能用仪器仪表测量电路参数。
3. 能正确分析电路工作过程。
4. 能根据工艺要求组装与调试电路。

【职业素养】

1. 着装规范，安全操作，爱护设备。
2. 任务操作遵规守纪、精益求精。
3. 任务完成后规范整理工作台。

【实践操作】

智能循迹小车电路原理图如图2-3-10所示。按电路要求完成制作并接通电源后，智能循迹小车能沿着白色场地上的黑色跑道自动行驶。

将图2-3-10变换为图2-3-11，方便观察和理解。

当放上小车，黑色轨道在两个发光二极管的正中间时，两个发光二极管都照射到白色的区域，但是由于元件存在微小差异，所以两个光敏电阻分压得到的电压值就有微小差异。先假设左边分压得到的电压值比右边的大，于是in B+大于in B−，in A+小于in A−，所以out B输出高电平给Q2基极，左边轮子不转，out A输出低电平给Q1基极，右边轮子转，使得小车向左转，偏离直走轨迹。

小车向左转之后，右边的LED就会照射到黑色轨道上，黑色具有吸收光线的能力，所以反射到右边光敏电阻的光线就弱，导致其阻值增大，右边分压电路得到的电压值就会比左边的大，于是in B+小于in B−，in A+大于in A−，跟之前相反，所以out B输出低电平给Q2

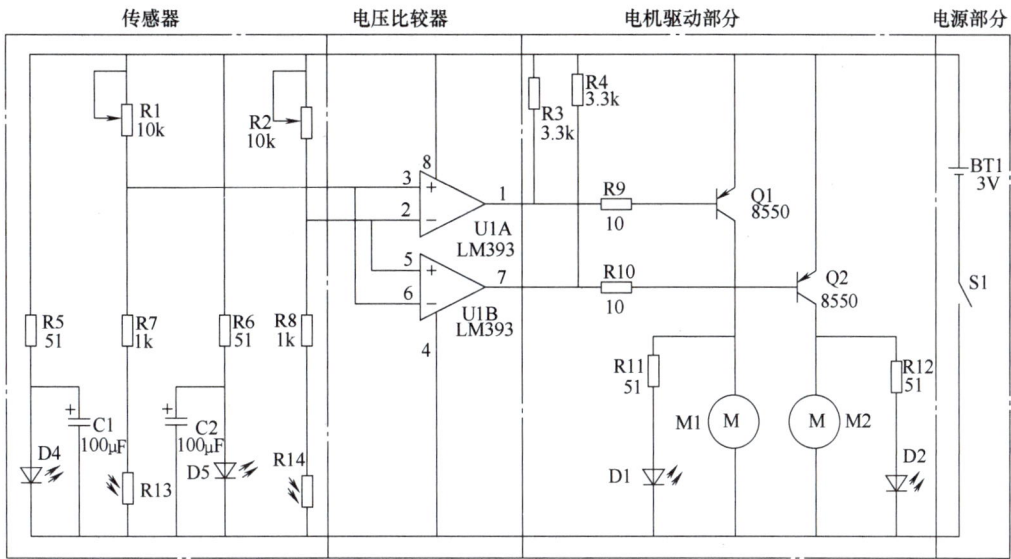

图 2-3-10　智能循迹小车电路原理图

基极，左边轮子转，out A 输出高电平给 Q1 基极，右边轮子不转，使得小车向右转，修正行进的轨迹。右转之后，又使得左边的 LED 照射到黑色轨道，经过分压处理，小车又会向左转，这样来来回回地修正，就使得小车按照黑色轨道前进了。

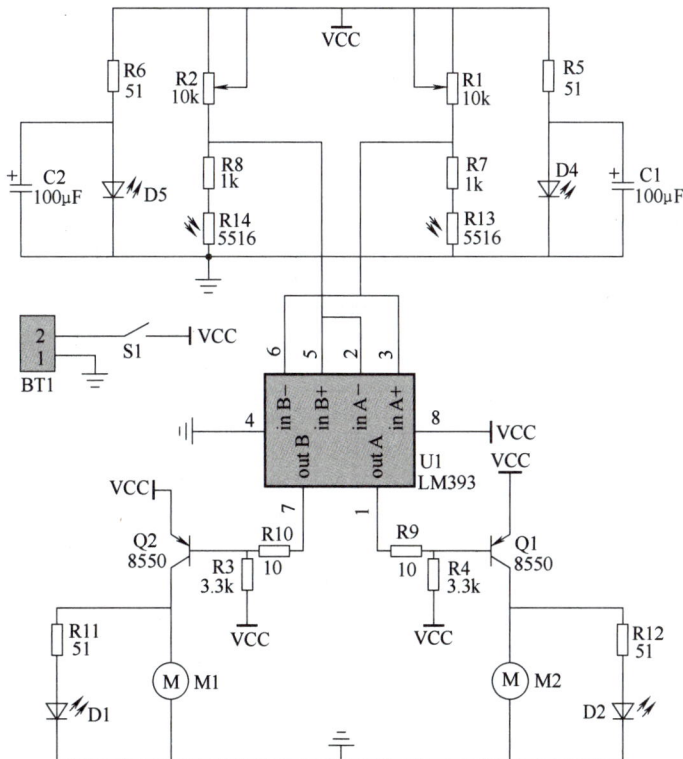

图 2-3-11　变换后的电路原理图

■活动 1　元器件选择

准备电路所需电子元器件，了解它们在电路中的作用，将元器件名称、电路符号、型号规格及数量填写在表 2-3-13 中。

表 2-3-13　电子元器件选择记录表

代号	元器件名称	电路符号	型号规格	数量
U1	集成电路			
C1	电解电容			
C2	电解电容			
R1	可调电阻			
R2	可调电阻			
R3、R4	电阻			
R5、R6、R11、R12	电阻			
R7、R8	电阻			
R9、R10	电阻			
R13、R14	光敏电阻			
D1、D2	发光二极管			
D4、D5	发光二极管			
Q1、Q2	晶体管			
S1	自锁开关			
—	连接导线	—	红色	
—	连接导线	—	黑色	
—	胶底电池盒	—	AA×2	

准备电路所需的机械零部件，见表 2-3-14。

表 2-3-14　机械零部件选择表

代号	名称	规格	数量
M1	减速电动机	JD3-100	1
M2	减速电动机	JD3-100	1
—	车轮	—	2
—	硅胶轮胎	25×2.5	2
—	轮毂螺钉	M2.2×7	2
—	万向轮螺钉	M5×30	1
—	万向轮螺母	M5	1
—	万向轮	M5	1

■活动 2　元器件检测

用万用表对所有元器件进行质量检测，确保各元器件质量可靠。集成电路安装时必须识别其方向,发光二极管、电解电容必须识别其正负极才能正确安装。将检测结果填写在表 2-3-15 中。

表 2-3-15 元器件检测记录表

代号	色环排列顺序	标称值	测量值	元器件作用
R3、R4				
R5、R6、R11、R12				
R7、R8				
R9、R10				
代号	标称值	测量最大值	测量最小值	元器件作用
R1				
R2				

代号	介质	标称容量	耐压值	测量值	元器件作用
C1、C2					
代号	管型	h_{FE} 值	耐压值	测量值	元器件作用
Q1、Q2					

代号	材料	管压降	元器件作用
D1、D2			
代号	材料	管压降	元器件作用
D4、D5			
代号	光电阻	暗电阻	元器件作用
R13、R14			

代号	引脚排列顺序
U1	

■ 活动 3 整车组装

(1)电路组装 结合电路图及装配图,先将元器件引脚按电路板安装孔位置成形,后装入元器件,正确安装发光二极管、电解电容正负极。电路安装遵循由小到大、由里到外的原则,用"焊接五步法"焊接元器件。具体安装要求见表 2-3-16,并填写安装顺序号。

表 2-3-16 安装工艺及安装顺序号记录表

代号	安装工艺	安装顺序号
R3~R12	卧式安装,紧贴电路板	
U1	先安装座子,卧式安装,方向正确,为了调试方便,芯片暂不安装	
R1、R2	卧式安装,安装高度以限位标识为准	
Q1、Q2	立式安装,注意引脚顺序,安装高度以限位标识为准	

（续）

代号	安装工艺	安装顺序号
C1、C2	立式安装,正负极正确,紧贴电路板	
D1、D2	立式安装,正负极正确,安装高度以限位标识为准	
电池盒	将电池盒按照电路板上的穿线孔和标识符的位置安装在电路板上,注意电源焊盘的极性不要焊反,通常红色导线为电源正极	
万向轮	将电路板正面朝上,将万向轮螺钉穿入孔中,并旋入万向轮螺母和万向轮拧紧	
D4、D5	将电路板底面朝上,按板子上的标识符将φ5mm白发红发光二极管焊接在板子上,要求白发红发光二极管距离万向轮球面 5mm 左右即可	
R13、R14	将电路板底面朝上,按板子上的标识符将光敏电阻焊接在板子上,要求光敏电阻距离万向轮球面 5mm 左右即可	

电路装配完成后,在电池盒内装入两节 AA 电池,开关拨在"ON"位置上,此时传感器的两个发光二极管应当发光,如果不发光,可能是发光二极管正负极焊反了,这时请将极性对调。调试成功后,弹起自锁开关断电待用。

（2）机械零部件组装　电路部分完成后,按照表 2-3-17 将机械零部件组装完成。

表 2-3-17　机械零部件组装步骤

步骤	操作方法
第 1 步	将硅胶轮胎套在车轮上
第 2 步	将车轮用轮毂螺钉固定在减速电动机轴上
第 3 步	将连接导线分成两截后上锡,分别焊在两台减速电动机上待用
第 4 步	按标识符将电动机上的引线焊接在电动机板上
第 5 步	两台电动机的转向与电流方向有关,焊好引线后先不要把电动机粘于电路板上,装上电池,打开开关,查看电动机转向,必须确保装上车轮后小车向前进的方向转动,若相反,应将电动机两线互换。无误后,撕去泡沫胶上的纸,将电动机粘于电路板上,粘时尽量让两电动机前后一致,且要保证两车轮的灵活转动

完成后的实物图如图 2-3-12 所示。

■活动 4　调试与检测

按下自锁开关通电,将 8 脚集成电路座的
1 脚、7 脚、4 脚连接,这时减速电动机应当
向着前方转动,否则调换相应电动机的引线位
置即可。如果电动机不转,请检查晶体管是否
焊反、基极电阻的阻值（10Ω）是否正确。

断电后将 LM393 芯片插入 8 脚集成电路
座,通电后调节相应的电位器使小车能够在黑
线上正常行走且不会跑出黑线的范围。

图 2-3-12　完成后的实物图

为了保证小车的正常运行,跑道的制作也很重要。跑道的宽度必须小于两侧探测器的间
距,一般以 15~20mm 较为合适。跑道可以是一个圆,也可以是任意形状,但要保证转弯角

度不要太大，否则小车容易脱轨。制作时可取一张 A3 白纸，先用铅笔在上面画好跑道的初稿，确定好后再用毛笔沿铅笔画好的跑道进行上色加粗（注意画时尽量让整条线粗细均匀些），画完后将白纸在阴凉处晾干。

按下 S1 且正常工作时，使用万用表测量表 2-3-18 中数据并做记录。

表 2-3-18　数据测量表

测量点	U1 的 4 脚电压	U1 的 8 脚电压	D1 的负极电压	Q1 的发射极电压	Q2 的发射极电压
电压/V					

【相关知识】

LM393 是双路电压比较器集成电路，包含两个独立的高精度运算放大器，可由单电源或双电源供电。它的作用是比较两个输入电压，根据两个输入电压的高低改变输出电压的高低。其输出有两种状态：接近开路或者下拉接近低电平。LM393 采用集电极开路输出，所以必须加上拉电阻才能输出高电平。图 2-3-13 为 LM393 的实物图，图 2-3-14 为 LM393 的内部框图，各引脚的名称及作用见表 2-3-19。

图 2-3-13　LM393 的实物图

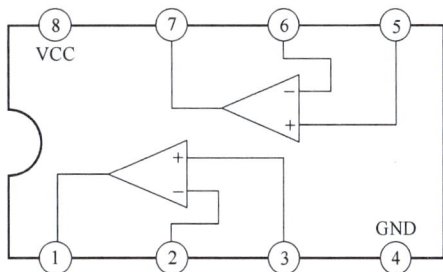

图 2-3-14　LM393 的内部框图

表 2-3-19　LM393 各引脚的名称及作用

引脚序号	名称	作用
1	输出 1	运算放大器 1 的输出引脚
2	反相输入 1	运算放大器 1 的反相输入引脚
3	正相输入 1	运算放大器 1 的同相输入引脚
4	GND	接地。这是集成电路的接地引脚，需要连接到电源的负极（−）端子
5	正相输入 2	运算放大器 2 的同相输入引脚
6	反相输入 2	运算放大器 2 的反相输入引脚
7	输出 2	运算放大器 2 的输出引脚
8	VCC	需要连接到电源的正极（+）端子

【实践拓展】

智能循迹小车也可以使用 74HC00N 与非门搭配红外对射管，通过判断是否检测到红外线从而实现接收管是否导通，将信号输入与非门实现数字电路循迹。智能循迹小车电路图如图 2-3-15 所示，元器件清单见表 2-3-20。可使用万能板搭建电路实现功能。

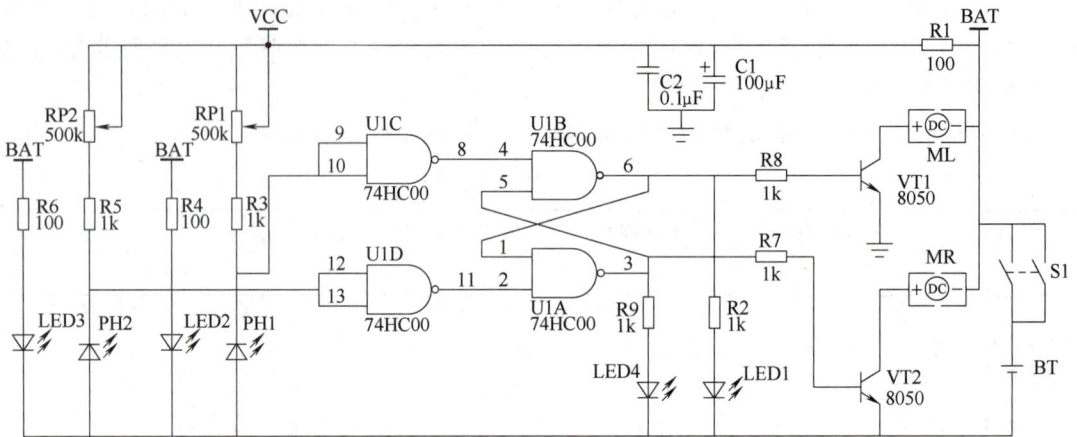

图 2-3-15　智能循迹小车电路图

表 2-3-20　元器件清单

序号	代号	名称	型号规格	数量	序号	代号	名称	型号规格	数量
01	U1	集成电路	74HC00	1	01	ML	减速电动机	JD3-100	1
02		集成电路座	14 脚	1	02	MR			1
03	C1	电解电容	100μF	1	03		车轮		2
04	C2	陶瓷电容	0.1μF	1	04		硅胶轮胎	25×2.5	2
05	RP1	可调电阻	500kΩ	1	05		轮毂螺钉	M2.2×7	2
06	RP2		500kΩ	1	06		万向轮螺钉	M5×30	1
07	R1		100Ω	1	07		万向轮螺母	M5	1
08	R4		100Ω	1	08		万向轮	M5	1
09	R6		100Ω	1			其他零配件清单		
10	R2		1kΩ	1	01		电路板	D2-1	1
11	R3	色环电阻	1kΩ	1	02		连接导线	红色	1
12	R5		1kΩ	1	03			黑色	1
13	R7		1kΩ	1	04		胶底电池盒	AA×3	1
14	R8		1kΩ	1	05		说明书	A4	1
15	R9		1kΩ	1	06		外包装	10×16	1
16	PH1	φ3mm 红外	3mm 长脚	1					
17	PH2	接收二极管	3mm 长脚	1					
18	LED2	φ3mm 红外	3mm 长脚	1					
19	LED3	发射二极管	3mm 长脚	1					
20	LED1	φ3mm 红发红	3mm 短脚	1					
21	LED4	发光二极管	3mm 短脚	1					
22	VT1	晶体管	8050	1					
23	VT2		8050	1					
24	S1	自锁开关	6 脚	1					

【任务评价】

智能循迹小车的安装与调试评价表见表 2-3-21。

表 2-3-21 智能循迹小车的安装与调试评价表

评价项目	配分	评价标准	评价记录
元器件选择	10 分	1. 能准确记录元器件名称电路符号、型号规格及数量,每错一处扣 1 分 2. 元器件电路符号记录不标准,每处扣 1 分	
元器件检测	20 分	1. 能熟练使用万用表对元器件进行检测,正确记录其参数、质量及作用,每错一处扣 1 分 2. 万用表使用不正确、不规范扣 2 分	
安装工艺	30 分	1. 元器件整形、插装、焊点、剪脚符合工艺要求,不符合的每处扣 1 分,正负极错误的每处扣 2 分 2. 能正确描述"焊接五步法",每错一步扣 1 分 3. 焊接工具使用不规范扣 5 分	
调试与检测	30 分	1. 能熟练使用万用表测量各点电压,使用不正确、不规范扣 2 分 2. 小车能沿着路线正常行驶,若不能扣 10 分 3. 电路出现电源短路、元器件炸裂、冒烟等现象,扣 20 分	
职业素养	10 分	1. 遵守实训管理制度、安全操作规范。出现不遵守管理制度、操作不符合安全规范的行为每次扣 5 分,扣完为止 2. 爱惜实训设备和器材,任务完成后清理工位,整理工具设备,关闭实训台电源。设备及工具摆放杂乱扣 2 分,工位未清理扣 2 分,损坏仪器仪表扣 5 分,扣完为止	

项目4　振　荡　电　路

任务1　电容三点式振荡电路的安装与调试

【任务描述】

本任务将制作电容三点式振荡电路。电容三点式振荡电路主要由放大电路、选频电路和正反馈网络三部分组成，可将放大器的输出通过正反馈电路送回输入端，使输入信号增强而形成振荡。电容三点式振荡器在实际电路中有着广泛的应用，如用于直流稳压电源的电压参考源，实现数字频率计等测量仪器，成为音频振荡、调频等电路的重要组成部分，或成为实际电路中其他复杂电路的基础。

【任务目标】

1. 能正确识读元器件参数。
2. 能用仪器仪表测量电路参数。
3. 能正确分析电路工作过程。
4. 能根据工艺要求组装与调试电路。

【职业素养】

1. 着装规范，安全操作，爱护设备。
2. 任务操作遵规守纪、精益求精。
3. 任务完成后规范整理工作台。

【实践操作】

电容三点式振荡电路原理图如图 2-4-1 所示。

电路工作过程：电路中 VT1 由 J1 处直流 +5V 电源供电，与 R2、R3、RP1、L1、R4 构成分压式偏置放大电路；电容 C4、C5

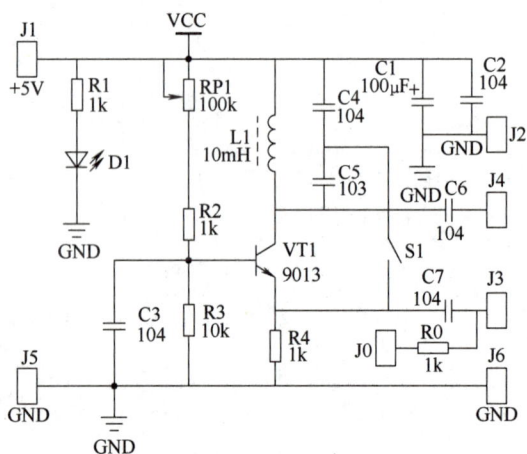

图 2-4-1　电容三点式振荡电路原理图

和电感 L1 构成正反馈选频网络，反馈信号取自电容 C2 两端，反馈回 VT1 的发射极。

■活动1 元器件选择

正确认识电路所需元器件，核对数量，将元器件名称、电路符号和型号规格填写在表2-4-1中。

表2-4-1 元器件选择记录表

代号	元器件名称	电路符号	型号规格
R0、R1、R2、R4			
R3			
RP1			
C1			
C2~C4、C6、C7			
C5			
L1			
D1			
VT1			
J0~J6			
S1			

■活动2 元器件检测

用万用表对元器件进行质量检测，确保各元器件质量可靠。发光二极管、电解电容必须识别其正负极才能正确安装。将检测结果填写在表2-4-2中。

表2-4-2 元器件检测记录表

代号	色环排列顺序	标称值	测量值	元器件作用	
R0、R2、R4、R1					
R3					
代号	介质	标称容量	耐压值	测量值	元器件作用
C1					
C2~C4、C6、C7			—		
C5			—		
代号	标称阻值	测量最大阻值		测量最小阻值	
RP1					
代号	引脚分布（图示）	正向压降		反向压降	
D1					
代号	引脚分布（图示）	管型判别		h_{FE} 测量	
VT1					

■ 活动 3　电路组装

（1）安装　结合电路图及装配图，先将元器件引脚按电路板安装尺寸成形，后装入元器件，特别注意集成电路方向、发光二极管和电解电容正负极。电路安装遵循由小到大、由低到高、由里到外的原则，具体要求见表 2-4-3，并填写安装顺序号。

表 2-4-3　安装工艺及安装顺序号记录表

代号	安装工艺	安装顺序号
C1	立式安装，正负极正确	
C2~C7	立式安装	
RP1	立式安装	
R0~R4	卧式安装，紧贴电路板	
L1	卧式安装，紧贴电路板	
D1	立式安装，正负极正确，安装高度以限位标识为准	
J0~J6	立式安装，紧贴电路板，接孔朝外	
VT1	立式安装，方向正确，安装高度以限位标识为准	

（2）焊接　焊接面有铜箔走线和圆形焊盘面，用"焊接五步法"焊接元器件。

（3）剪脚　用斜口钳剪掉元器件引脚多余部分，保留 1~2mm 的长度，注意不要齐根剪平。完成后的实物图如图 2-4-2 所示。

■ 活动 4　调试与检测

通电前，先用直观检查法检查焊点之间有无虚焊、漏焊、短路，重点检查发光二极管和电解电容极性安装是否正确，集成电路方向是否正确。检查无误后再加上直流 +5V 电源通电调试。

1）保持 RP1 不动，测量 S1 闭合和断开两种情况下晶体管各引脚对地电位并填入表 2-4-4 中。

图 2-4-2　完成后的实物图

表 2-4-4　电位测量表

S1 状态	VT1 各引脚对地电位/V		
	E	B	C
闭合			
断开			

2）闭合 S1，接上电源，用示波器观察测量 J4 点电压波形，调节 RP1 使 J4 点波形失真尽可能小（调好后保持不变）、频率尽量低些，将此时 J4 点信号的电压波形参数填入表 2-4-5。

3）保持上述状态不变，闭合 S1，接上电源，用示波器观察测量 J3 点电压波形，将此时 J3 点信号的电压波形参数填入表 2-4-6。

表 2-4-5　波形参数测量表（一）

J4 点电压波形					垂直坐标刻度（VOLTS/DIV）	水平坐标刻度（TIME/DIV）	通道耦合方式
					峰峰值 Vpp	频率	周期

表 2-4-6　波形参数测量表（二）

J3 点电压波形					垂直坐标刻度（VOLTS/DIV）	水平坐标刻度（TIME/DIV）	通道耦合方式
					峰峰值 Vpp	频率	周期

【相关知识】

知识1　振荡电路知识

由电感线圈 L 和电容 C 相连而成的 LC 电路是最简单的一种振荡电路，也是一种不用外加激励就能自行产生交流信号输出的电路。它在电子科学技术领域中得到了广泛应用，如通信系统中发射机的载波振荡器、接收机中的本机振荡器、医疗仪器以及测量仪器中的信号源等。

振荡电路种类很多，按信号的波形不同可分为正弦波振荡电路和非正弦波振荡电路。正弦波振荡电路产生的波形非常接近于正弦波或余弦波，且振荡频率比较稳定；非正弦波振荡电路产生的波形是非正弦的脉冲波形，如方波、矩形波、锯齿波等。非正弦振荡电路的频率稳定度不高。

正弦波振荡电路主要有 LC 振荡电路、石英晶体振荡电路和 RC 振荡电路等几种，其中石英晶体振荡电路的频率最稳定，LC 振荡电路次之，RC 振荡电路最差。RC 振荡电路的工作频率较低、频率稳定度不高，但电路简单、频率变化范围大，常应用在低频段中。在通信、广播、电视等设备中,振荡电路正逐步实现集成化,这些集成化的正弦波振荡电路的工作原理、分析和设计方法等原则上与分立元件振荡电路一致。

■知识 2　常用振荡电路总结

常用振荡电路的类型、电路图、振荡频率及优缺点见表 2-4-7。

表 2-4-7　常用振荡电路的类型、电路图、振荡频率及优缺点

类型		电路图	振荡频率	优点	缺点
LC 振荡电路	变压器反馈式		$f_0 \approx \dfrac{1}{2\pi\sqrt{LC}}$	效率高,容易起振,调节频率方便,便于实现阻抗匹配	体积大,频率不能太高,波形不太好
	电感三点式		$f_0 = \dfrac{1}{2\pi\sqrt{(L_1+L_2+2M)C}}$	易起振,易调节	对高次谐波阻抗大,输出波形差
	电容三点式		$f_0 \approx \dfrac{1}{2\pi\sqrt{LC}} = \dfrac{1}{2\pi\sqrt{LC_3}}$	振荡频率高,波形较好	调节频率时易停振;振荡管的极间电容影响谐振频率 f_0
RC 振荡电路			$f_0 = \dfrac{1}{2\pi RC}$	输出信号频率可调范围宽	只能产生低频信号

（续）

类型	电路图	振荡频率	优点	缺点
石英晶体振荡电路	C1 XTAL2 C2 XTAL1	振荡频率等于石英晶体的固有频率	振荡频率高，精度高，频率稳定度极高	振荡频率不易调整

【实践拓展】

图 2-4-3 为 RC 振荡电路原理图，请根据表 2-4-8 进行焊装，通电调试后测量 TP1 的波形并记录。

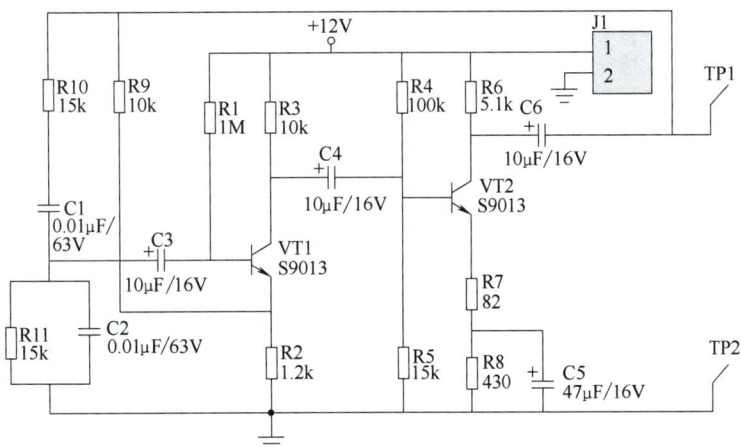

图 2-4-3　RC 振荡电路原理图

表 2-4-8　元器件清单

元器件种类	元器件序号	参数	数量
电阻	R7	82Ω	1
	R8	430Ω	1
	R2	1.2kΩ	1
	R6	5.1kΩ	1
	R3、R9	10kΩ	2
	R5、R10、R11	15kΩ	3
	R4	100kΩ	1
	R1	1MΩ	1
电容	C3、C4、C6	10μF/16V	3
	C5	47μF/16V	1
	C1、C2	0.01μF/63V	2
晶体管	VT1、VT2	S9013	2

【任务评价】

电容三点式振荡电路的安装与调试评价表见表 2-4-9。

表 2-4-9　电容三点式振荡电路的安装与调试评价表

评价项目	配分	评价标准	评价记录
元器件选择	10 分	1. 能准确记录元器件名称、电路符号和型号规格，每错一处扣 1 分 2. 元器件电路符号记录不标准，每处扣 1 分	
元器件检测	20 分	1. 能熟练使用万用表对元器件进行检测，正确记录其参数、质量及作用，每错一处扣 1 分 2. 万用表使用不正确、不规范扣 2 分	
安装工艺	30 分	1. 元器件整形、插装、焊点、剪脚符合工艺要求，不符合的每处扣 1 分，正负极错误的每处扣 2 分 2. 能正确描述"焊接五步法"，每错一步扣 1 分 3. 焊接工具使用不规范扣 5 分	
调试与检测	30 分	1. 能熟练使用万用表测量各点电压，使用不正确、不规范扣 2 分 2. 能正确使用示波器测量波形、绘制波形及记录参数，每错一处扣 1 分 3. 电路出现电源短路、元器件炸裂、冒烟等现象，扣 20 分	
职业素养	10 分	1. 遵守实训管理制度、安全操作规范。出现不遵守管理制度、操作不符合安全规范的行为每次扣 5 分，扣完为止 2. 爱惜实训设备和器材，任务完成后清理工位，整理工具设备，关闭实训台电源。设备及工具摆放杂乱扣 2 分，工位未清理扣 2 分，损坏仪器仪表扣 5 分，扣完为止	

任务 2　LED 灯摇摆风铃的安装与调试

【任务描述】

本任务将制作一个 LED 灯摇摆风铃。LED 灯摇摆风铃由 83 个 LED 灯组成，通电后左右两个风铃会依次循环点亮，在视觉上达到像是挂着的风铃被风吹动，然后左右摇摆舞动的效果。

【任务目标】

1. 能正确识读元器件参数。
2. 能用仪器仪表测量电路参数。
3. 能正确分析电路工作过程。
4. 能根据工艺要求组装与调试电路。

【职业素养】

1. 着装规范，安全操作，爱护设备。
2. 任务操作遵规守纪、精益求精。
3. 任务完成后规范整理工作台。

【实践操作】

LED 灯摇摆风铃电路原理图如图 2-4-4 所示。电路设计原理简单易懂，元器件种类少，但是元器件数量特别多，焊接时需要非常仔细才能保证作品完美。

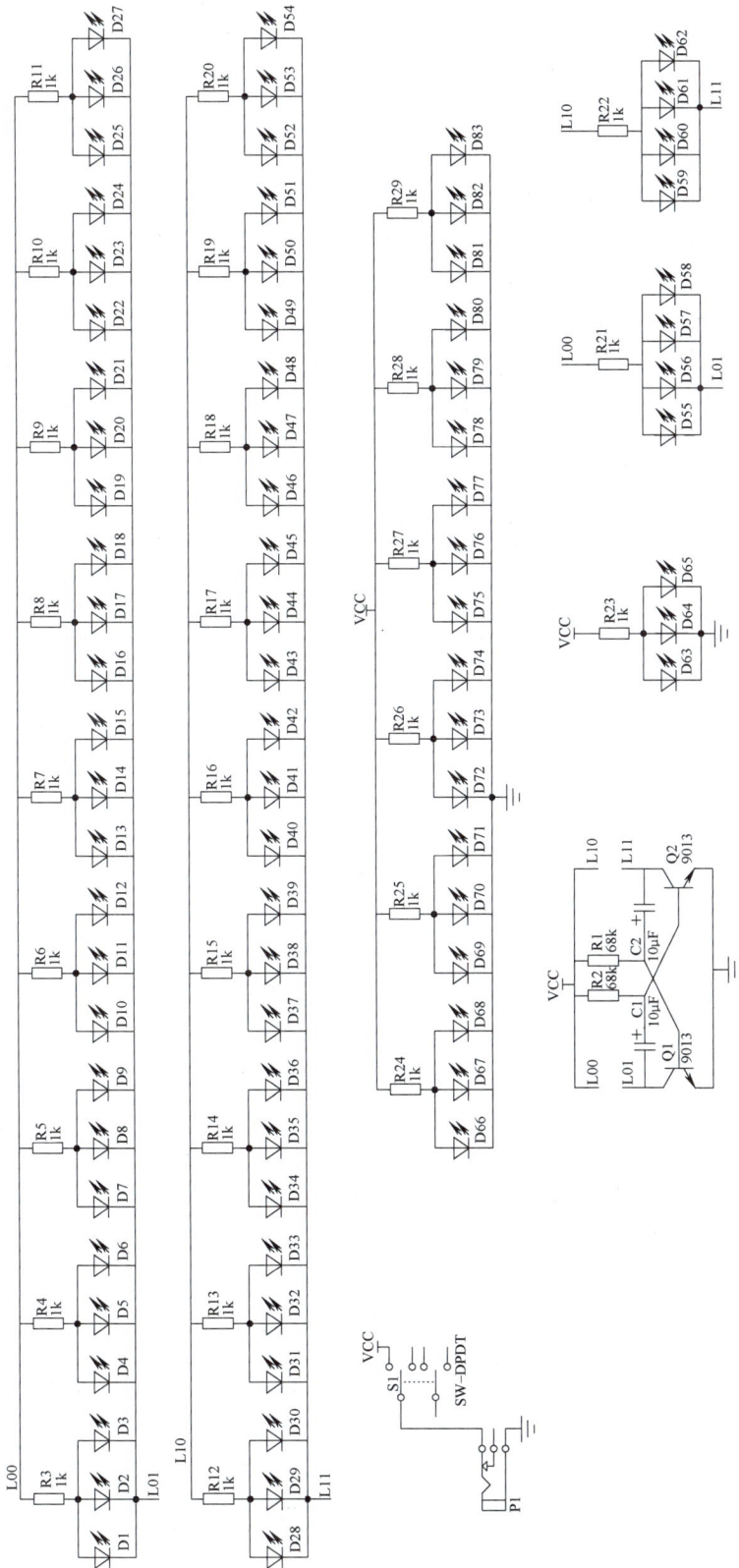

图 2-4-4 LED 灯摇摆风铃电路原理图

电路工作过程：R1、R2、C1、C2、Q1、Q2 等组成多谐振荡器，控制 A、B 两组 LED 灯交替闪烁，其余 LED 灯是左右两个风铃的重叠部分，所以应常亮。由于元器件的参数不可能完全一致，会存在微小的差异，所以在刚通电时，Q1 和 Q2 的基极通过 R2 和 R1 接到电源正极进行上拉，总会有一个先导通。这里假设 Q1 先导通，Q1 集电极电压降为 0V，此时 A 组 LED 灯相当于接到电源正负极从而发光，图中的 1kΩ 电阻都为 LED 灯的限流电阻。由于电容两端的电压不能突变，Q1 集电极的 0V 电压通过 C1 使得 Q2 的基极电压也降为 0V，Q2 截止，此时 B 组 LED 灯不发光。随着 C1 通过 R2 进行充电而电压升高，Q2 的基极电压不断升高，当电压升高到能使 Q2 导通时，Q2 集电极电压降为 0V，此时 B 组 LED 灯发光。同理，Q2 集电极的 0V 电压通过 C2，使得 Q1 的基极电压降为 0V，Q1 截止，此时 A 组 LED 不发光。接着 C2 通过 R1 充电使得 Q1 重新导通，A 组 LED 灯亮，B 组 LED 灯灭，又开始重复上述过程，使得两组 LED 灯不断交替发光。

■活动 1　元器件选择

正确认识电路所需元器件，核对数量，将元器件名称、电路符号和型号规格填写在表 2-4-10 中。

表 2-4-10　元器件选择记录表

代号	元器件名称	电路符号	型号规格
C1			
C2			
R1、R2			
R3～R29			
P1			
D1～D54、D56～D62、D64～D83			
D55			
D63			
Q1、Q2			
S1			

■活动 2　元器件检测

用万用表对元器件进行质量检测，确保各元器件质量可靠。发光二极管、电解电容必须识别其正负极才能正确安装。将检测结果填写在表 2-4-11 中。由于本电路使用的发光二极管数量非常多，需要在使用之前全部检测一遍，以确认是否完好。

表 2-4-11　元器件检测记录表

代号	色环排列顺序	标称值	测量值	元器件作用	
R1、R2					
R3～R29					
代号	介质	标称容量	耐压值	测量值	元器件作用
C1、C2					

（续）

代号	正向管压降	反向管压降	元器件作用
D1～D54、D56～D62、D64～D83			
D55			
D63			
代号	引脚分布（图示）	管型判别	h_{FE} 值测量
Q1、Q2			

■活动 3　电路组装

（1）安装　结合电路图及装配图，先将元器件引脚按电路板安装尺寸成形，后装入元器件，特别注意集成电路方向、发光二极管和电解电容正负极。电路安装遵循由小到大、由低到高、由里到外的原则，具体要求见表 2-4-12，并填写安装顺序号。

表 2-4-12　安装工艺及安装顺序号记录表

代号	安装工艺	安装顺序号
C1、C2	立式安装，正负极正确	
D1～D83	立式安装，正负极正确，安装高度以限位标识为准	
R1～R29	卧式安装，紧贴电路板	
Q1、Q2	立式安装，方向正确，安装高度以限位标识为准	
P1	立式安装，紧贴电路板，接口朝外	
S1	立式安装，紧贴电路板	

（2）焊接　焊接面有铜箔走线和圆形焊盘面，用"焊接五步法"焊接元器件。

（3）剪脚　用斜口钳剪掉元器件引脚多余部分，保留 1～2mm 的长度，注意不要齐根剪平。完成后的实物图如图 2-4-5 所示。

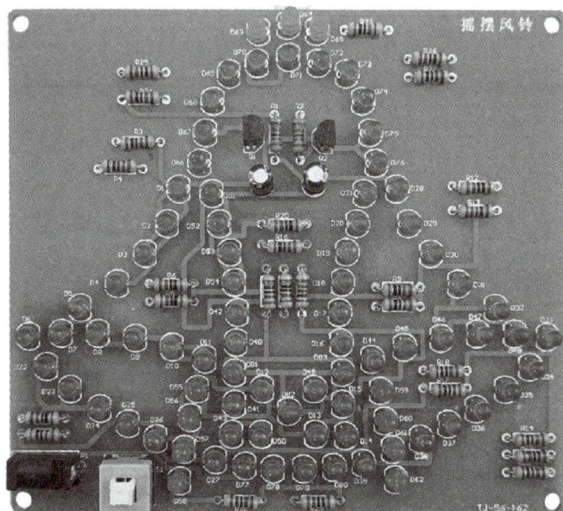

图 2-4-5　完成后的实物图

■ 活动 4　调试与检测

通电前，先用直观检查法检查焊点之间有无虚焊、漏焊、短路，重点检查发光二极管和电解电容极性安装是否正确，集成电路方向是否正确。检查无误后再接通直流 3~5V 电源（不用 USB 电源线供电的时候要注意区分好电源的正负极），按下 S1，正常情况下两组 LED 灯交替亮。

1）当电路板正常工作时，使用万用表测量表 2-4-13 中数据并做记录。

表 2-4-13　电压测量表

测量点	C1 的正极电压	Q2 的发射极电压	D1 发光时其两端电压	D60 发光时其两端电压	D65 发光时其两端电压
电压/V					

2）当电路板工作正常时，使用示波器测量 Q1、Q2 集电极的电压波形参数，将结果填入表 2-4-14 和表 2-4-15 中。

表 2-4-14　波形参数测量表（一）

Q1 集电极电压波形	垂直坐标刻度（VOLTS/DIV）	水平坐标刻度（TIME/DIV）	通道耦合方式
	峰峰值 Vpp	频率	周期

表 2-4-15　波形参数测量表（二）

Q2 集电极电压波形	垂直坐标刻度（VOLTS/DIV）	水平坐标刻度（TIME/DIV）	通道耦合方式
	峰峰值 Vpp	频率	周期

【相关知识】

多谐振荡器是利用深度正反馈，通过阻容耦合使两个电子器件交替导通与截止，从而自激产生方波输出的振荡器，常用作方波发生器。

"多谐"是指矩形波中除了基波成分，还含有丰富的高次谐波成分。多谐振荡器没有稳态，只有两个暂稳态。在工作时，电路的状态在这两个暂稳态之间自动地交替变换，由此产生矩形波脉冲信号。多谐振荡器常用作脉冲信号源及时序电路中的时钟信号源。

LED 灯摇摆风铃是分立元件构成的多谐振荡器。常用的多谐振荡器还可以由图 2-4-6～图 2-4-9 所示的几种形式构成。

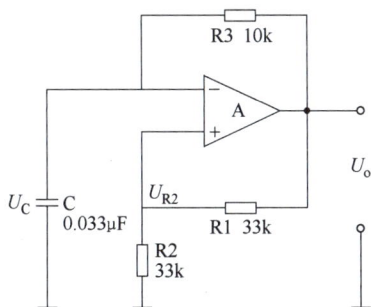

图 2-4-6　运放构成多谐振荡器

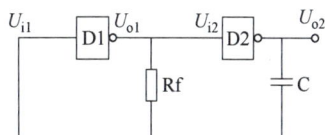

图 2-4-7　集成门电路构成多谐振荡器

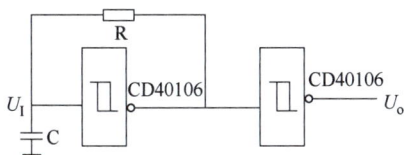

图 2-4-8　集成施密特触发器构成多谐振荡器

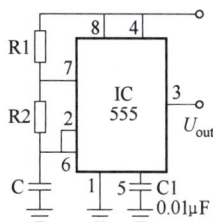

图 2-4-9　555 集成电路构成多谐振荡器

【实践拓展】

1）将 C1 和 C2 的电容值换成较大和较小的电容值，再观察风铃的摇摆速度，并分别测试 Q1 和 Q2 集电极的电压波形参数。

2）将 R1 和 R2 的阻值换成较大和较小的阻值，再观察风铃的摇摆速度，并分别测试 Q1 和 Q2 集电极的电压波形参数。

【任务评价】

LED 灯摇摆风铃的安装与调试评价表见表 2-4-16。

表 2-4-16　LED 灯摇摆风铃的安装与调试评价表

评价项目	配分	评价标准	评价记录
元器件选择	10 分	1. 能准确记录元器件名称、电路符号和型号规格，每错一处扣 1 分 2. 元器件电路符号记录不标准，每处扣 1 分	

（续）

评价项目	配分	评价标准	评价记录
元器件检测	20分	1. 能熟练使用万用表对元器件进行检测，正确记录其参数、质量及作用，每错一处扣1分 2. 万用表使用不正确、不规范扣2分	
安装工艺	30分	1. 元器件整形、插装、焊点、剪脚符合工艺要求，不符合的每处扣1分，正负极错误的每处扣2分 2. 能正确描述"焊接五步法"，每错一步扣1分 3. 焊接工具使用不规范扣5分	
调试与检测	30分	1. 能熟练使用万用表测各点电压，使用不正确、不规范扣2分 2. 能正确使用示波器测量波形、绘制波形及记录参数，每错一处扣1分 3. 电路出现电源短路、元器件炸裂、冒烟等现象，扣20分	
职业素养	10分	1. 遵守实训管理制度、安全操作规范。出现不遵守管理制度、操作不符合安全规范的行为每次扣5分，扣完为止 2. 爱惜实训设备和器材，任务完成后清理工位，整理工具设备，关闭实训台电源。设备及工具摆放杂乱扣2分，工位未清理扣2分，损坏仪器仪表扣5分，扣完为止	

第3篇　数字电路

项目1 门 电 路

任务1　分立元件门电路的安装与调试

【任务描述】

本任务将制作一个分立元件门电路。分立元件门电路采用二极管、晶体管、电阻等分立元件组成与门，或门及非门，拨动开关产生一个高电平或低电平，采用发光二极管来指示门电路的输入、输出电平。通过本电路可以理解分立元件构成的与门、或门及非门模拟电路的构成和工作原理。

【任务目标】

1. 能正确识读元器件参数。
2. 能用仪器仪表测量电路参数。
3. 能正确分析电路工作过程。
4. 能根据工艺要求组装与调试电路。

【职业素养】

1. 着装规范，安全操作，爱护设备。
2. 任务操作遵规守纪、精益求精。
3. 任务完成后规范整理工作台。

【实践操作】

分立元件门电路原理图如图3-1-1所示。本电路为数字电路基础实验，电路简洁直观，安装无误就会成功。

信号源：当S1和S2拨到1时，X1和X2直接连接到电源（高电平），LED1和LED2满足二极管单向导电条件而发光；当S1和S2拨到0时，X1和X2直接连接到地（低电平），LED1和LED2不满足二极管单向导电条件而不发光。

或门：当X3或X4任一接到电源（高电平）时，LED3满足二极管单向导电条件而发光，X7为高电平；只有当X3和X4都接地（低电平）时，LED3因不满足二极管单向导电

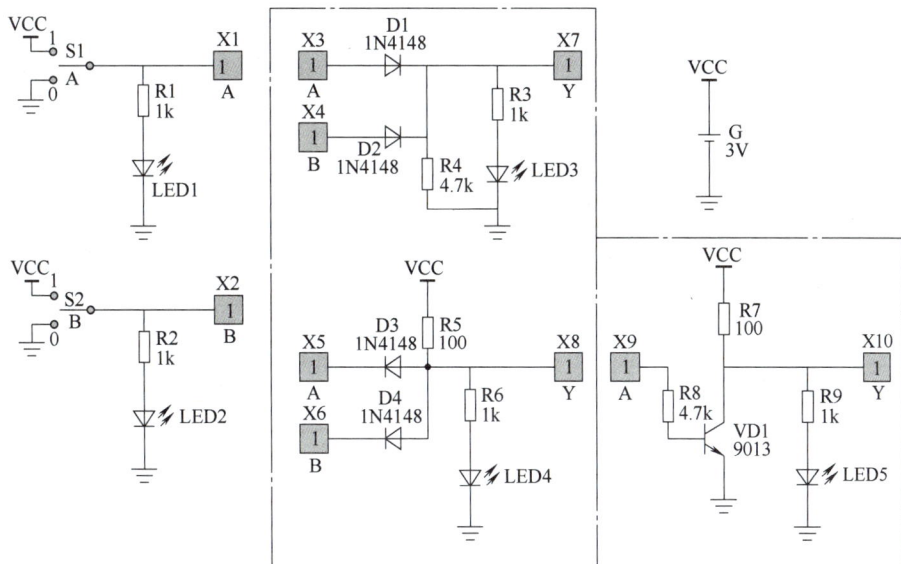

图 3-1-1　分立元件门电路原理图

条件而不发光，X7 为低电平。

与门：当 X5 或 X6 任一接到地（低电平）时，LED4 因不满足二极管单向导电条件而不发光，X8 为低电平；只有当 X5 和 X6 都接到电源（高电平）时，LED4 满足二极管单向导电条件而发光，X8 为高电平。

非门：当 X9 接到地（低电平），VD1 处于截止状态，X10 为高电平，LED5 发光；当 X9 接到电源（高电平）时，VD1 处于导通状态，X10 为低电平，LED5 不发光。

■活动 1　元器件选择

正确认识电路所需元器件，核对数量，将元器件名称、电路符号和型号规格填写在表 3-1-1 中。

表 3-1-1　元器件选择记录表

代号	元器件名称	电路符号	型号规格
R1、R2、R3、R6、R9			
R4、R8			
R5、R7			
D1～D4			
LED1～LED5			
VD1			
S1、S2			
X1～X10			

■活动 2　元器件检测

用万用表对元器件进行质量检测，确保各元器件质量可靠。二极管、发光二极管必须识别其正负极才能正确安装。将检测结果填写在表 3-1-2 中。

表 3-1-2　元器件检测记录表

代号	色环排列顺序	标称值	测量值	元器件作用
R1、R2、R3、R6、R9				
R4、R8				
R5、R7				
代号	材料	管压降	元器件作用	
D1～D4				
代号	接通阻值	断开阻值	元器件作用	
S1、S2				
代号	引脚分布（图示）	管压降	元器件作用	
LED1～LED5				
代号	引脚分布（图示）	管型判别	β 值测量	
VD1				

■ **活动 3　电路组装**

（1）安装　结合电路图及装配图，先将元器件引脚按电路板安装尺寸成形，后装入元器件，特别注意二极管和发光二极管正负极。电路安装遵循由小到大、由低到高、由里到外的原则，具体要求见表 3-1-3，并填写安装顺序号。

表 3-1-3　安装工艺及安装顺序号记录表

代号	安装工艺	安装顺序号
S1、S2	卧式安装，紧贴电路板	
D1～D4	卧式安装，紧贴电路板，正负极正确	
VD1	立式安装	
R1～R9	卧式安装，紧贴电路板	
LED1～LED5	立式安装，正负极正确，安装高度以限位标识为准	
X1～X10	立式安装，紧贴电路板，短的那端插入电路板进行焊接	

（2）焊接　焊接面有铜箔走线和圆形焊盘面，用"焊接五步法"焊接元器件。

（3）剪脚　用斜口钳剪掉元器件引脚多余部分，保留 1～2mm 的长度，注意不要齐根剪平。完成后的实物图如图 3-1-2 所示。

图 3-1-2　完成后的实物图

■活动 4 调试与检测

通电前，先用直观检查法检查焊点之间有无虚焊、漏焊、短路，重点检查二极管和发光二极管极性安装是否正确，检查无误后再接通直流 3V 电源进行调试。

1）当电路正常工作时，用万用表测量表 3-1-4 中数据并做记录。

表 3-1-4 数据测量表（一）

测量点	X1 对地电位	LED1 两端电压	X2 对地电位	LED2 两端电压
S1 置于 0				
S1 置于 1				
S2 置于 0				
S2 置于 1				

2）当电路正常工作时，按照要求将 S1、S2 拨到 1 或 0，使用杜邦线按要求将 X1 连接到 X3、X2 连接到 X4，观察 LED3 状态并填表，使用万用表测量表 3-1-5 中数据并做记录。

表 3-1-5 数据测量表（二）

测量点	X7 对地电位	LED3 状态
X3 = 0、X4 = 0		
X3 = 0、X4 = 1		
X3 = 1、X4 = 0		
X3 = 1、X4 = 1		

3）当电路正常工作时，按照要求将 S1、S2 拨到 1 或 0，使用杜邦线按要求将 X1 连接到 X5、X2 连接到 X6，观察 LED4 状态并填表，使用万用表测量表 3-1-6 中数据并做记录。

表 3-1-6 数据测量表（三）

测量点	X8 对地电位	LED4 状态
X5 = 0、X6 = 0		
X5 = 0、X6 = 1		
X5 = 1、X6 = 0		
X5 = 1、X6 = 1		

4）当电路正常工作时，按照要求将 S1 拨到 1 或 0，使用杜邦线按要求将 X1 连接到 X9，观察 LED5 状态并填表，使用万用表测量表 3-1-7 中数据并做记录。

表 3-1-7 数据测量表（四）

测量点	X10 对地电位	LED5 状态
X9 = 0		
X9 = 1		

【相关知识】

■知识 1 TTL 集成逻辑门电路简介

TTL 是一种晶体管逻辑门的简称，实际上指的是一种集成电路的制造工艺。TTL 应用广泛，具有速度快、抗干扰能力和带负载能力强等优点。现在多采用 74 系列集成逻辑门电路，表 3-1-8 中是常用的 TTL 集成逻辑门电路型号。

表 3-1-8　常用的 TTL 集成逻辑门电路型号

名称	国际常用系列型号	国产部标型号	说明
四 2 输入与非门	74LS00	T100	一个组件内有 4 个门，每个门有 2 个输入端
四 2 输入或非门	74LS02	T186	
双 4 输入与门	74LS21	T102	一个组件内有 2 个门，每个门有 4 个输入端
双 4 输入与非门	74LS20		
8 输入与非门	74LS30	T100	只有 1 个门，该门有 8 个输入端
六反相器	74LS04		有 6 个反相器

如果表 3-1-8 中型号中的"L"变为"H"，则表示高速的 TTL 电路，如 74H00 等。

在 TTL 集成逻辑门电路的使用中要注意：

1）电源电压为 +5V。

2）如果输入脚悬空，则被认为输入高电平。

■知识 2　CMOS 集成逻辑门电路简介

TTL 电路功耗较大、集成度较低，不适宜作大规模集成电路。CMOS 电路具有集成度高、功耗低和成本低等优点，因优点非常突出，所以在数字系统中逐渐占据了主导地位。常用的 CMOS 集成逻辑门电路型号见表 3-1-9。

表 3-1-9　常用的 CMOS 集成逻辑门电路型号

型号种类	型号系列	电路示例
国内型号	C×× 系列	C001、C010、C033、C062、C691 等
	CC40 系列	CC4011、CC4012、CC4070、CC40175 等
国外型号	CD40 系列	CD4010、CD4023、CD4034、CD4051 等
	TC40 系列	TC4011、TC4017、TC4081、TC4066 等

在 CMOS 集成逻辑门电路的使用中要注意两点：

1）电源电压范围为 3~18V。

2）CMOS 集成电路的输入脚不允许悬空。

【实践拓展】

选用 74LS00 的一个与非门，在万能板上连接成图 3-1-3 所示的测试电路。

接通电源，拨动与非门两输入端开关 S1 和 S2，使输入端 1A、1B 分别接 3.6V（即高电平 1）和地（即低电平 0），观察发光二极管 LED 的发光情况，亮为输出高电平（1），灭为输出低电平（0），将结果填入表 3-1-10 中。

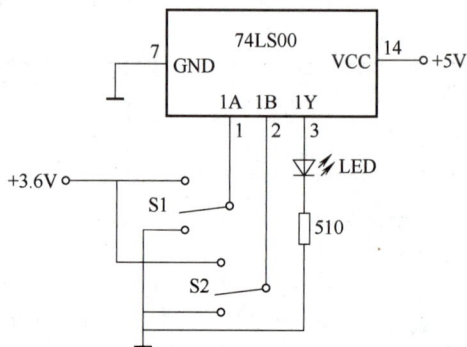

图 3-1-3　与非门的逻辑功能测试电路

表 3-1-10　实验测试表

1A	1B	1Y
0	0	
0	1	
1	0	
1	1	

表 3-1-10 为测试所得的与非门的输入输出关系，将它与实际的与非门真值表进行比较，以验证测试的准确性。

【任务评价】

分立元件门电路的安装与调试评价表见表 3-1-11。

表 3-1-11　分立元件门电路的安装与调试评价表

评价项目	配分	评价标准	评价记录
元器件选择	10 分	1. 能准确记录元器件名称、电路符号和型号规格，每错一处扣 1 分 2. 元器件电路符号记录不标准，每处扣 1 分	
元器件检测	20 分	1. 能熟练使用万用表对元器件进行检测，正确记录其参数、质量及作用，每错一处扣 1 分 2. 万用表使用不正确、不规范扣 2 分	
安装工艺	30 分	1. 元器件整形、插装、焊点、剪脚符合工艺要求，不符合的每处扣 1 分，正负极错误的每处扣 2 分 2. 能正确描述"焊接五步法"，每错一步扣 1 分 3. 焊接工具使用不规范扣 5 分	
调试与检测	30 分	1. 能熟练使用万用表测量电路各点电压，使用不正确、不规范扣 2 分 2. 能正确按照要求连接输入，观察 LED 状态并记录，每错一处扣 1 分 3. 电路出现电源短路、元器件炸裂、冒烟等现象，扣 20 分	
职业素养	10 分	1. 遵守实训管理制度、安全操作规范。出现不遵守管理制度、操作不符合安全规范的行为每次扣 5 分，扣完为止 2. 爱惜实训设备和器材，任务完成后清理工位，整理工具设备，关闭实训台电源。设备及工具摆放杂乱扣 2 分，工位未清理扣 2 分，损坏仪器仪表扣 5 分，扣完为止	

任务 2　摩托车防盗报警电路的安装与调试

【任务描述】

本任务将制作一个摩托车防盗报警电路。采用 CD4081 组成摩托车防盗报警电路，若盗车贼移动车辆或者不采用车钥匙起动摩托车，它就会发出响亮的报警声，引起路人注意。

【任务目标】

1. 能正确识读元器件参数。
2. 能用仪器仪表测量电路参数。

3. 能正确分析电路工作过程。

4. 能根据工艺要求组装与调试电路。

【职业素养】

1. 着装规范，安全操作，爱护设备。

2. 任务操作遵规守纪、精益求精。

3. 任务完成后规范整理工作台。

【实践操作】

摩托车防盗报警电路原理图如图 3-1-4 所示。电路可提供直流 4.5~12V 电源，电压越高蜂鸣器声音越大，通过改变 R2 的电阻值或 C1 的电容值可调整蜂鸣器的发声速度。

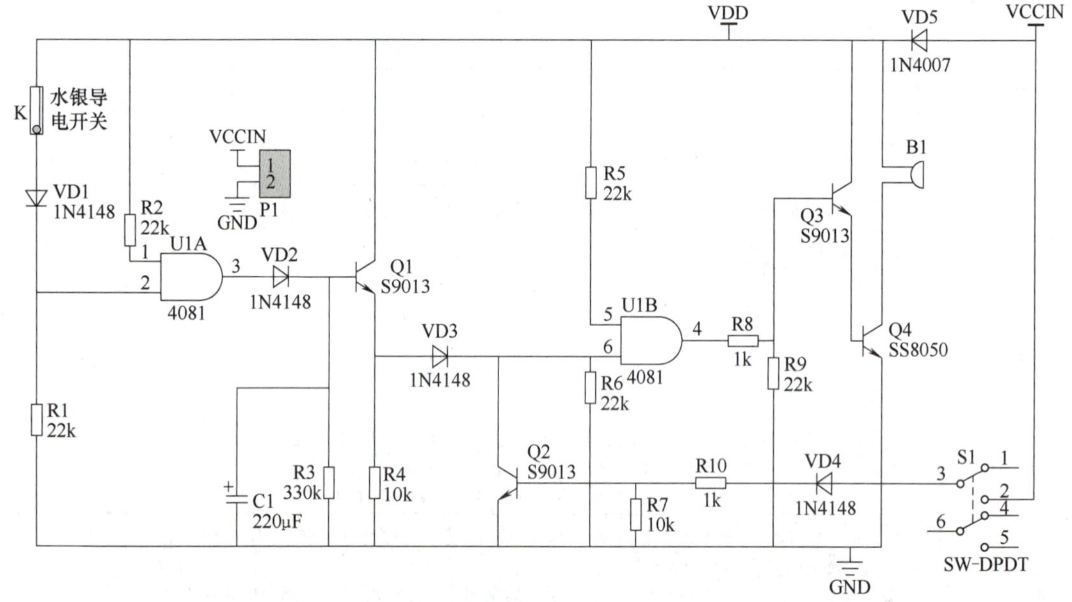

图 3-1-4　摩托车防盗报警电路原理图

电路工作过程：K 为水银导电开关，S1 为与车钥匙联动的电源开关。车停妥后，将开关置于 "OFF" 位置，然后拔出车钥匙。此时水银导电开关 K 内两触头断开，U1A 输入端 2 脚为低电平，因此 3 脚输出低电平，二极管 VD2 截止，晶体管 Q1 与另一个二极管 VD3 也截止。U1B 的输入端 6 脚为低电平，所以输出端 4 脚输出低电平，晶体管 Q3 和 Q4 均截止，报警蜂鸣器 B1 不发声。如果有人搬动摩托车，势必会引起振动，使水银导电开关 K 内两触头瞬间闭合，VD1 导通，U1A 两输入端都为高电平，3 脚就输出高电平，使 VD2 导通，并向电容 C1 充电，同时 Q1 导通，发射极输出高电平，经 VD3 使 U1B 的 6 脚为高电平，4 脚即输出高电平，经 Q3、Q4 两级放大，推动报警蜂鸣器发出报警声。

■ 活动 1　元器件选择

正确认识电路所需元器件，核对数量，将元器件名称、电路符号和型号规格填写在表 3-1-12 中。

表 3-1-12　元器件选择记录表

代号	元器件名称	电路符号	型号规格
R4、R7			
R8、R10			
R1、R2、R5、R6、R9			
R3			
VD5			
VD1～VD4			
C1			
U1			
P1			
Q1～Q3			
Q4			
B1			
S1			
K			

■ 活动 2　元器件检测

用万用表对元器件进行质量检测，确保各元器件质量可靠。集成电路必须识别方向，二极管、蜂鸣器、电解电容必须识读其正负极才能正确安装。将检测结果填写在表 3-1-13 中。

表 3-1-13　元器件检测记录表

代号	色环排列顺序	标称值	测量值	元器件作用	
R1、R2、R5、R6、R9					
R3					
R4、R7					
R8、R10					
代号	介质	标称容量	耐压值	测量值	元器件作用
C1					
代号	类型	引脚标识（图示）	正向电阻		反向电阻
B1					
代号	引脚分布（图示）	管型判别	β 值测量		
Q1～Q3					
Q4					
代号	平放且水银不接触两金属片时的阻值	倾斜且水银同时接触两金属片时的阻值			
K					
代号	实物引脚分布（图示）	电路板标识	管压降		
VD1～VD4					
VD5					
代号	引脚排列示意图				
U1					

■ 活动 3　电路组装

（1）安装　结合电路图及装配图，先将元器件引脚按电路板安装尺寸成形，后装入元器件，特别注意集成电路方向，以及蜂鸣器、二极管和电解电容正负极。电路安装遵循由小到大、由低到高、由里到外的原则，具体要求见表 3-1-14，并填写安装顺序号。

表 3-1-14　安装工艺及安装顺序号记录表

代号	安装工艺	安装顺序号
U1	先安装座子，卧式安装，方向正确，焊接完毕检查无误后再按正确方向插入芯片	
C1	立式安装，正负极正确	
Q1~Q4	立式安装	
R1~R10	卧式安装，紧贴电路板	
VD1~VD5	卧式安装，紧贴电路板，正负极正确	
B1	立式安装，正负极正确，紧贴电路板	
S1	立式安装，紧贴电路板	
K	卧式安装，紧贴电路板	
P1	立式安装，紧贴电路板，接线口朝外	

（2）焊接　焊接面有铜箔走线和圆形焊盘面，用"焊接五步法"焊接元器件。

（3）剪脚　用斜口钳剪掉元器件引脚多余部分，保留 1~2mm 的长度，注意不要齐根剪平。完成后的实物图如图 3-1-5 所示。

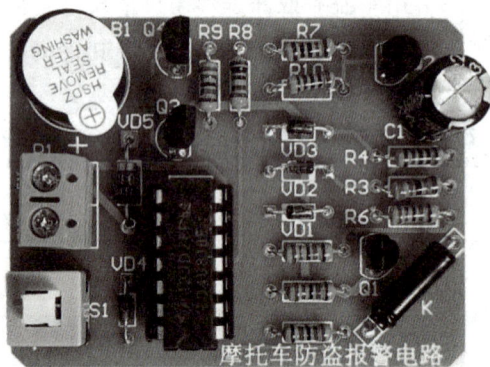

图 3-1-5　完成后的实物图

■ 活动 4　调试与检测

通电前，先用直观检查法检查焊点之间有无虚焊、漏焊、短路，重点检查有极性元器件安装是否正确，集成电路方向是否正确。检查无误后再接通直流 5V 电压进行通电调试。

1）按下 S1 开关，当电路工作在以下两种模式时，分别测量表 3-1-15 中各测试点的电位值。

表 3-1-15　数据测量表（一）

测量点	正常工作时（不报警）	正常工作时（报警）
U1 的 2 脚对地电位		
U1 的 3 脚对地电位		
U1 的 6 脚对地电位		
U1 的 4 脚对地电位		

2）按下 S1 开关，当电路工作在以下两种模式时，分别测量表 3-1-16 中各测试点的电压值，并判断元器件的工作状态。

表 3-1-16 数据测量表（二）

测量点	正常工作时（不报警）		正常工作时（报警）	
	电压/V	工作状态	电压/V	工作状态
VD2 两端电压				
VD3 两端电压				
Q1 基极电压				
Q1 集电极电压				
Q1 发射极电压				
Q3 基极电压				
Q3 集电极电压				
Q3 发射极电压				
Q4 基极电压				
Q4 集电极电压				
Q4 发射极电压				

【相关知识】

CD4081 是一款四 2 输入与门，属于 COMS 门电路，输出电流为毫安级，可以驱动小功率晶体管。由于 COMS 电路的输出电位接近电源电位，所以在输出端到晶体管基极间加一基极电阻。

CD4081 的实物图、引脚图如图 3-1-6 和图 3-1-7 所示，其真值表见表 3-1-17。

图 3-1-6 CD4081 的实物图

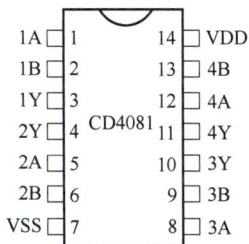

图 3-1-7 CD4081 的引脚图

表 3-1-17 CD4081 的真值表

A	B	Y
0	0	0
0	1	0
1	0	0
1	1	1

CD4081 各引脚的名称及功能见表 3-1-18。

表 3-1-18 CD4081 各引脚的名称及功能表

引脚号	名称	功能	引脚号	名称	功能
1	1A	数据输入端	8	3A	数据输入端
2	1B	数据输入端	9	3B	数据输入端
3	1Y	数据输出端	10	3Y	数据输出端
4	2Y	数据输出端	11	4Y	数据输出端
5	2A	数据输入端	12	4A	数据输入端
6	2B	数据输入端	13	4B	数据输入端
7	VSS	地	14	VDD	电源正

【实践拓展】

图 3-1-8 为 CD4081 声光控定时照明灯电路原理图，该电路由电源部分、控制部分、延时部分组成，功能可靠，稳定性较好，可使用节能灯、灯泡等受声控负载，可以直接接于开关点上代替原开关。

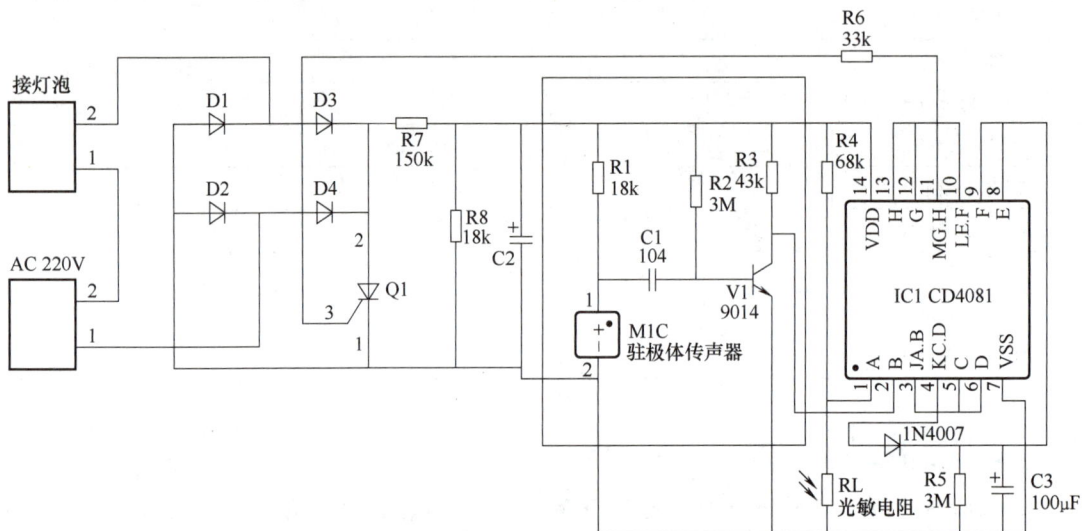

图 3-1-8　CD4081 声光控定时照明灯电路原理图

【任务评价】

摩托车防盗报警电路的安装与调试评价表见表 3-1-19。

表 3-1-19　摩托车防盗报警电路的安装与调试评价表

评价项目	配分	评价标准	评价记录
元器件选择	10 分	1. 能准确记录元器件名称电路符号和型号规格，每错一处扣 1 分 2. 元器件电路符号记录不标准，每处扣 1 分	
元器件检测	20 分	1. 能熟练使用万用表对元器件进行检测，正确记录其参数、质量及作用，每错一处扣 1 分 2. 万用表使用不正确、不规范扣 2 分	
安装工艺	30 分	1. 元器件整形、插装、焊点、剪脚符合工艺要求，不符合的每处扣 1 分，正负极错误的每处扣 2 分 2. 能正确描述"焊接五步法"，每错一处扣 1 分 3. 焊接工具使用不规范扣 5 分	
调试与检测	30 分	1. 能熟练使用万用表测量各点电压，使用不正确、不规范扣 2 分 2. 能正确测量晶体管各点电压并判断晶体管工作状态，每错一处扣 1 分 3. 电路出现电源短路、元器件炸裂、冒烟等现象，扣 20 分	
职业素养	10 分	1. 遵守实训管理制度、安全操作规范。出现不遵守管理制度、操作不符合安全规范的行为每次扣 5 分，扣完为止 2. 爱惜实训设备和器材，任务完成后清理工位，整理工具设备，关闭实训台电源。设备及工具摆放杂乱扣 2 分，工位未清理扣 2 分，损坏仪器仪表扣 5 分，扣完为止	

任务3 多用途密码锁电路的安装与调试

【任务描述】

本任务将制作一个多用途密码锁电路。多用途密码锁电路由 D 触发器 CD4013、与非门 CD4011 及周围的电阻和按键等元器件组成。需要输入正确密码（按一定的顺序按下正确的按键），锁才能开启（LED1 亮）。

【任务目标】

1. 能正确识读元器件参数。
2. 能用仪器仪表测量电路参数。
3. 能正确分析电路工作过程。
4. 能根据工艺要求组装与调试电路。

【职业素养】

1. 着装规范，安全操作，爱护设备。
2. 任务操作遵规守纪、精益求精。
3. 任务完成后规范整理工作台。

【实践操作】

多用途密码锁电路原理图如图 3-1-9 所示。电路采用直流 5V 电源，电路中无可调元器件。

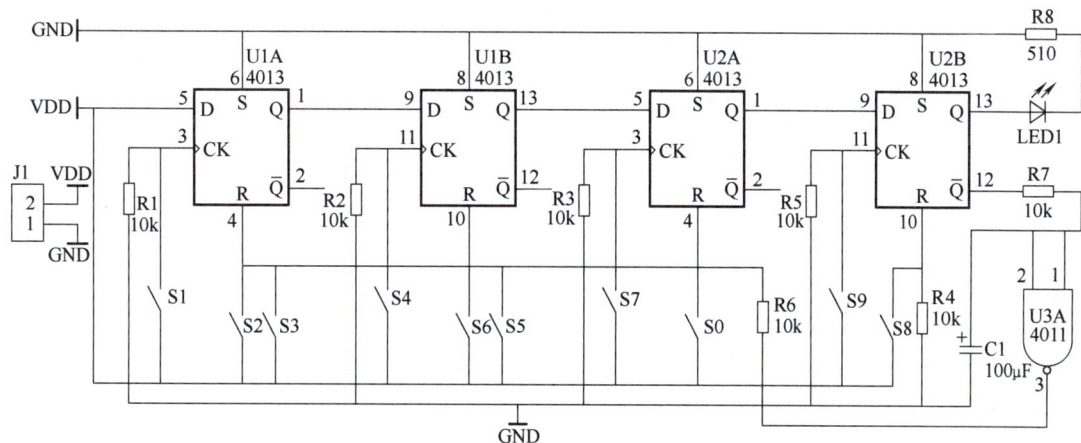

图 3-1-9 多用途密码锁电路原理图

电路工作过程：当按下 S1，U1A 的 Q＝1；按下 S4，U1B 的 Q＝1；按下 S7，U2A 的 Q＝1；按下 S9，U2B 的 Q＝1。锁开启，指示灯 LED1 点亮，表示输入密码正确。同时，U2B 的 $\overline{Q}$＝0，U3A 的 Y＝1，使得前面三个触发器全部清零。若想 U2B 清零、指示灯 LED1 熄灭

（锁闭合），可按下 S8。根据以上分析可知，密码依次为 1479，在输入密码过程中，若不按顺序或者按下了其他触发器的清零端（R 端）按键，则视为密码不正确。

■活动 1　元器件选择

正确认识电路所需元器件，核对数量，将元器件名称、电路符号和型号规格填写在表 3-1-20 中。

表 3-1-20　元器件选择记录表

代号	元器件名称	电路符号	型号规格
C1			
R1～R6			
R7			
R8			
LED1			
U1			
U2			
U3			
S0～S9			
J1			

■活动 2　元器件检测

用万用表对元器件进行质量检测，确保各元器件质量可靠。发光二极管、电解电容必须识读其正负极才能正确安装。将检测结果填写在表 3-1-21 中。

表 3-1-21　元器件检测记录表

代号	介质	标称容量	测量值	耐压值	元器件作用
C1					
代号	色环排列顺序（或标识）	标称值	测量值		元器件作用
R1					
R2					
R3					
R4					
R5					
R6					
R7					
R8					

（续）

代号	材料	管压降	元器件作用
LED1			
代号	引脚示意图		元器件作用
U1、U2			
U3			

■活动3 电路组装

（1）安装 结合电路图及装配图，先将元器件引脚按电路板安装尺寸成形，后装入元器件，特别注意集成电路方向，发光二极管和电解电容正负极。电路安装遵循由小到大、由低到高、由里到外的原则，具体要求见表3-1-22，并填写安装顺序号。

表3-1-22 安装工艺及安装顺序号记录表

代号	安装工艺	安装顺序号
C1	立式安装,紧贴电路板,注意正负极	
R1～R6	贴片安装,紧贴电路板	
R7、R8	卧式安装,紧贴电路板	
LED1	立式安装,引脚正确,安装高度以限位标识为准	
U1、U2、U3	贴片安装,紧贴电路板,引脚和焊盘对整齐	
S0～S9	卧式安装,紧贴电路板,注意正负极	
J1	立式安装,紧贴电路板,连接孔朝外	

（2）焊接 焊接面有铜箔走线和圆形焊盘面，用"焊接五步法"焊接元器件。

（3）剪脚 用斜口钳剪掉元器件引脚多余部分，保留1～2mm的长度，注意不要齐根剪平。完成后的实物图如图3-1-10所示。

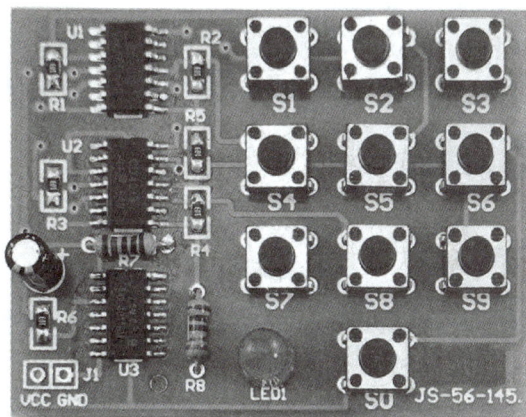

图3-1-10 完成后的实物图

■活动4 调试与检测

通电前，先用直观检查法检查焊点之间有无虚焊、漏焊、短路，重点检查发光二极管和电解电容极性安装是否正确，集成电路方向是否正确。检查无误后再通电调试。

1）开机时电路的总电流为_____。

2）当没有按键按下，LED1不亮时，用万用表测量表3-1-23中数据并做记录。

表 3-1-23　电压测量表（一）

测量点	U1							U2		U3	
	1	2	3	4	11	12	13	1	13	1	3
电压/V											

3）当没有按键按下，LED1 亮时，用万用表测量表 3-1-24 中数据并做记录。

表 3-1-24　电压测量表（二）

测量点	U1							U2		U3	
	1	2	3	4	11	12	13	1	13	1	3
电压/V											

4）按住 S1，用万用表测量表 3-1-25 中数据并做记录。

表 3-1-25　电压测量表（三）

测量点	U1							U2		U3	
	1	2	3	4	11	12	13	1	13	1	3
电压/V											

【相关知识】

CD4011 是四 2 输入与非门，属于 CMOS 芯片，由 4 个 2 输入与非门电路组成，电源电压范围为 -0.5 ~ 18V。CD4011 的内部结构示意图如图 3-1-11 所示。

【实践拓展】

如果要把密码改为 1358，怎么改？画出电路图，并在原电路板中改造。

【任务评价】

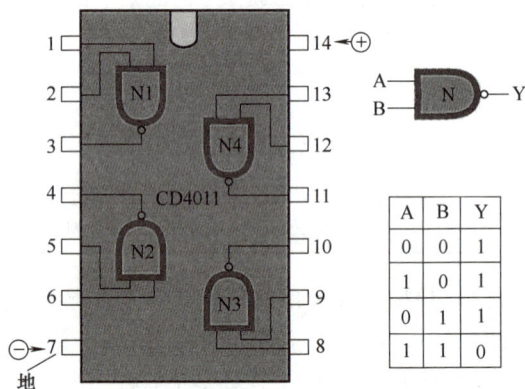

图 3-1-11　CD4011 的内部结构示意图

多用途密码锁电路的安装与调试评价表见表 3-1-26。

表 3-1-26　多用途密码锁电路的安装与调试评价表

评价项目	配分	评价标准	评价记录
元器件选择	10 分	1. 能准确记录元器件名称、电路符号和型号规格，每错一处扣 1 分 2. 元器件电路符号记录不标准，每处扣 1 分	
元器件检测	20 分	1. 能熟练使用万用表对元器件进行检测，正确记录其参数、质量及作用，每错一处扣 1 分 2. 万用表使用不正确、不规范扣 2 分	
安装工艺	30 分	1. 元器件整形、插装、焊点、剪脚符合工艺要求，不符合的每处扣 1 分，正负极错误的每处扣 2 分 2. 能正确描述"焊接五步法"，每错一步扣 1 分 3. 焊接工具使用不规范扣 5 分	

（续）

评价项目	配分	评价标准	评价记录
调试与检测	30分	1. 能熟练使用万用表、示波器测量电路的输入、输出电压。使用不正确、不规范扣2分 2. 能正确记录电路状态、输出电压、输入输出关系、波形图,每错一处扣1分 3. 电路出现电源短路、元器件炸裂、冒烟等现象,扣20分	
职业素养	10分	1. 遵守实训管理制度、安全操作规范。出现不遵守管理制度、操作不符合安全规范的行为每次扣5分,扣完为止 2. 爱惜实训设备和器材,任务完成后清理工位,整理工具设备,关闭实训台电源。设备及工具摆放杂乱扣2分,工位未清理扣2分,损坏仪器仪表扣5分,扣完为止	

项目2　计数/译码电路

任务1　3人表决器电路的安装与调试

【任务描述】

本任务将制作一个3人表决器。3人表决器主要由一个3-8译码器（74LS138）和两个4输入与非门（74LS20）组成。它通过三个按钮接收用户输入，按钮按下表示同意，不按下表示否决。当没有人按下按钮或只有一个人按下按钮时，则红灯亮、绿灯灭，蜂鸣器无声音，表示否决；当有两个以上的人按下按钮时，则红灯灭、绿灯亮，蜂鸣器发声，表示通过。电路采用直流5V供电。

【任务目标】

1. 能正确识读元器件参数。
2. 能用仪器仪表测量电路参数。
3. 能正确分析电路工作过程。
4. 能根据工艺要求组装与调试电路。

【职业素养】

1. 着装规范，安全操作，爱护设备。
2. 任务操作遵规守纪、精益求精。
3. 任务完成后规范整理工作台。

【实践操作】

3人表决器电路原理图如图3-2-1所示。

电路工作过程：当没有按钮动作时，74LS138的A0~A2引脚为高电平（逻辑1）；当某个按钮被按下后，则A0~A2对应的引脚为低电平（逻辑0）。74LS20的4个输入端分别接在74LS138的$\overline{Y3}$、$\overline{Y5}$、$\overline{Y6}$、$\overline{Y7}$输出端口。从74LS138的真值表可以看出，只有一个输入端为低电平或者三个输入端都为高电平的时候，总有一个引脚输出为0，74LS20的输出端

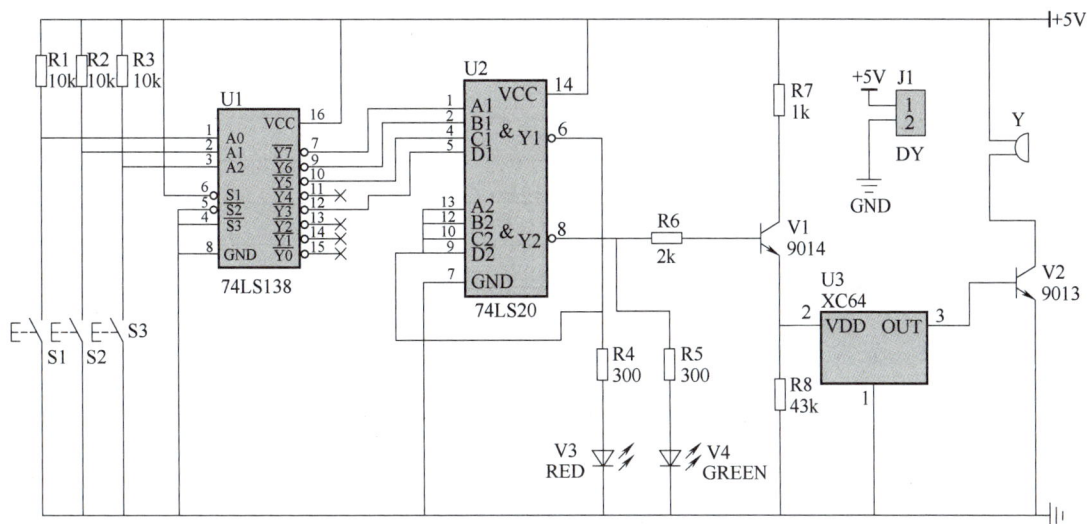

图 3-2-1　3 人表决器电路原理图

Y1 为 1、Y2 为 0；有两个或者三个输入端为低电平的时候，这 4 个端口的输出都为 1，74LS20 的输出端 Y1 为 0、Y2 为 1。

否决：当没有人按下按钮或只有一个人按下按钮时，$\overline{Y1}$ 输出高电平，红灯亮、绿灯灭，无声响，表示否决。

通过：当有两个以上的人按下按钮时，Y1 输出低电平，红灯灭、绿灯亮，有声响，表示通过。

声响工作过程：当否决时，晶体管 V1 截止，XC64 音乐芯片 2 脚失电，无音乐信号输出，V2 截止，蜂鸣器 Y 无声音；当通过时，晶体管 V1 导通，XC64 音乐芯片 2 脚通电，输出音乐信号驱动 V2 工作，蜂鸣器 Y 发出声音。

■ 活动 1　元器件选择

正确认识电路所需元器件，核对数量，将元器件名称、电路符号和型号规格填写在表 3-2-1 中。

表 3-2-1　元器件选择记录表

代号	元器件名称	电路符号	型号规格
R1～R3			
R4、R5			
R6			
R7			
R8			
V1			
V2			
V3			
V4			

（续）

代号	元器件名称	电路符号	型号规格
U1			
U2			
U3			
Y			
S1～S3			

■活动 2　元器件检测

用万用表对元器件进行质量检测，确保各元器件质量可靠。发光二极管、蜂鸣器必须识读其正负极才能正确安装。将检测结果填写在表 3-2-2 中。

表 3-2-2　元器件检测记录表

代号	色环排列顺序	标称值	测量值	元器件作用
R1				
R2				
R3				
R4				
R5				
R6				
R7				
R8				
代号	材料	管压降		元器件作用
V3				
V4				
代号	引脚示意图		元器件作用	
V1				
V2				
U1				
U2				
U3				

■活动3　电路组装

（1）安装　结合电路图及装配图，先将元器件引脚按电路板安装尺寸成形，后装入元器件，特别注意集成电路、发光二极管、蜂鸣器方向。电路安装遵循由小到大、由低到高、由里到外的原则，具体要求见表3-2-3，并填写安装顺序号。

表3-2-3　安装工艺及安装顺序号记录表

代号	安装工艺	安装顺序号
R1~R8	卧式安装，紧贴电路板	
V1、V2	立式安装，引脚正确，安装高度以限位标识为准	
Y	立式安装，紧贴电路板，注意正负极	
U1、U2	卧式安装，紧贴电路板，注意方向，有条件的情况下加装座子	
V3、V4	立式安装，紧贴电路板，注意正负极	
U3	立式安装，引脚正确，安装高度以限位标识为准	
S1~S3	卧式安装，紧贴电路板，注意方向	
J1	立式安装，紧贴电路板，连接孔朝外	

（2）焊接　焊接面有铜箔走线和圆形焊盘面，用"焊接五步法"焊接元器件。翻转电路板焊接时，若元器件往下掉，影响元器件安装工艺及焊接质量，可在电路板元器件面放上一块纸板，防止元器件掉落，这样焊接非常方便。

（3）剪脚　用斜口钳剪掉元器件引脚多余部分，保留1~2mm的长度，注意不要齐根剪平。完成后的实物图如图3-2-2所示。

图3-2-2　完成后的实物图

■活动4　调试与检测

通电前，先用直观检查法检查焊点之间有无虚焊、漏焊、短路，重点检查发光二极管和蜂鸣器极性安装是否正确，集成电路方向是否正确。检查无误后再通电调试。

1）电路的总电流为_____。

2）按住S1时用万用表测量表3-2-4中数据并做记录。

表3-2-4　电压测量表（一）

测量点	U1										
	1	2	3	7	9	10	11	12	13	14	15
电压/V											

（续）

测量点	U2						
	1	2	4	5	6	8	9
电压/V							

3）同时按住 S1、S2，用万用表测量表 3-2-5 中数据并做记录。

表 3-2-5 电压测量表（二）

测量点	U1										
	1	2	3	7	9	10	11	12	13	14	15
电压/V											
测量点	U2						
	1	2	4	5	6	8	9
电压/V							

4）同时按住 S1、S2、S3，用万用表测量表 3-2-6 中数据并做记录。

表 3-2-6 电压测量表（三）

测量点	U1										
	1	2	3	7	9	10	11	12	13	14	15
电压/V											
测量点	U2						
	1	2	4	5	6	8	9
电压/V							

【相关知识】

■知识 1　74LS138 简介

74LS138 为 3 线-8 线译码器，当一个选通端（S1）为高电平，另两个选通端（$\overline{S2}$ 和 $\overline{S3}$）为低电平时，可将地址端（A0、A1、A2）的二进制编码在 $\overline{Y0} \sim \overline{Y7}$ 对应的输出端以低电平译出（即输出为 Y0 ~ Y7 的非）。例如：A2A1A0 = 110 时，则 $\overline{Y6}$ 输出端输出低电平信号。其真值表见表 3-2-7。

表 3-2-7　74LS138 的真值表

输入						输出							
S1	$\overline{S2}$	$\overline{S3}$	A2	A1	A0	$\overline{Y0}$	$\overline{Y1}$	$\overline{Y2}$	$\overline{Y3}$	$\overline{Y4}$	$\overline{Y5}$	$\overline{Y6}$	$\overline{Y7}$
×	1	×	×	×	×	1	1	1	1	1	1	1	1
×	×	1	×	×	×	1	1	1	1	1	1	1	1
0	×	×	×	×	×	1	1	1	1	1	1	1	1
1	0	0	0	0	0	0	1	1	1	1	1	1	1

（续）

输入						输出							
S1	$\overline{S2}$	$\overline{S3}$	A2	A1	A0	$\overline{Y0}$	$\overline{Y1}$	$\overline{Y2}$	$\overline{Y3}$	$\overline{Y4}$	$\overline{Y5}$	$\overline{Y6}$	$\overline{Y7}$
1	0	0	0	0	1	1	0	1	1	1	1	1	1
1	0	0	0	1	0	1	1	0	1	1	1	1	1
1	0	0	0	1	1	1	1	1	0	1	1	1	1
1	0	0	1	0	0	1	1	1	1	0	1	1	1
1	0	0	1	0	1	1	1	1	1	1	0	1	1
1	0	0	1	1	0	1	1	1	1	1	1	0	1
1	0	0	1	1	1	1	1	1	1	1	1	1	0

74LS138 的引脚名称及功能见表 3-2-8。

表 3-2-8　74LS138 的引脚名称及功能

引脚号	名称	功能	引脚号	名称	功能
1	A0	地址输入端，以二进制形式输入	7	$\overline{Y7}$	输出端（低电平有效）将输入的二进制形式转换成十进制，对应相应 Y 的序号输出低电平，其他均为高电平
2	A1		9	$\overline{Y6}$	
3	A2		10	$\overline{Y5}$	
4	$\overline{S3}$	选通端（低电平有效）	11	$\overline{Y4}$	
5	$\overline{S2}$		12	$\overline{Y3}$	
6	S1	选通端	13	$\overline{Y2}$	
8	GND	地	14	$\overline{Y1}$	
16	VCC	电源负	15	$\overline{Y0}$	

■知识 2　74LS20 简介

74LS20 是常用的双 4 输入与非门，包含两个独立的 4 输入与非门。第 1 个与非门中 1、2、4、5 脚为输入，6 脚为输出；第 2 个与非门中 9、10、12、13 脚为输入，8 脚为输出；3、11 脚为空脚。其引脚排列示意图如图 3-2-3 所示。

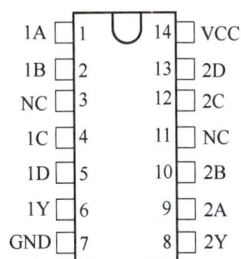

图 3-2-3　74LS20 的引脚排列示意图

【实践拓展】

如果要三个按钮都按下时才能通过，电路怎么改？画出原理图并实践操作。

【任务评价】

3 人表决器电路的安装与调试评价表见表 3-2-9。

表 3-2-9　3 人表决器电路的安装与调试评价表

评价项目	配分	评价标准	评价记录
元器件选择	10 分	1. 能准确记录元器件名称、电路符号和型号规格，每错一处扣1分 2. 元器件电路符号记录不标准，每处扣1分	

（续）

评价项目	配分	评价标准	评价记录
元器件检测	20分	1. 能熟练使用万用表对元器件进行检测，正确记录其参数、质量及作用，每错一处扣1分 2. 万用表使用不正确、不规范扣2分	
安装工艺	30分	1. 元器件整形、插装、焊点、剪脚符合工艺要求，不符合的每处扣1分，正负极错误的每处扣2分 2. 能正确描述"焊接五步法"，每错一步扣1分 3. 焊接工具使用不规范扣5分	
调试与检测	30分	1. 能熟练使用万用表，使用不正确、不规范扣2分 2. 能正确记录电路状态、输出电压，每错一处扣1分 3. 功能异常一处扣10分 4. 电路出现电源短路、元器件炸裂、冒烟等现象，扣20分	
职业素养	10分	1. 遵守实训管理制度、安全操作规范。出现不遵守管理制度、操作不符合安全规范的行为每次扣5分，扣完为止 2. 爱惜实训设备和器材，任务完成后清理工位，整理工具设备，关闭实训台电源。设备及工具摆放杂乱扣2分，工位未清理扣2分，损坏仪器仪表扣5分，扣完为止	

任务2　30~60s计数器电路的安装与调试

【任务描述】

本任务将制作一个30~60s计数器。30~60s计数器主要由NE555发出脉冲，用同步加法计数器CD4518进行计数，用两个CD4511译码并驱动数码管显示，开关S1用于控制30s或60s显示。

【任务目标】

1. 能正确识读元器件参数。
2. 能用仪器仪表测量电路参数。
3. 能正确分析电路工作过程。
4. 能根据工艺要求组装与调试电路。

【职业素养】

1. 着装规范，安全操作，爱护设备。
2. 任务操作遵规守纪、精益求精。
3. 任务完成后规范整理工作台。

【实践操作】

30~60s计数器电路原理图如图3-2-4所示。电路可采用直流5V电源，电路中无可调元器件。

30~60s计数器采用同步加法计数器CD4518进行计数。CD4518是十进制加法计数器，

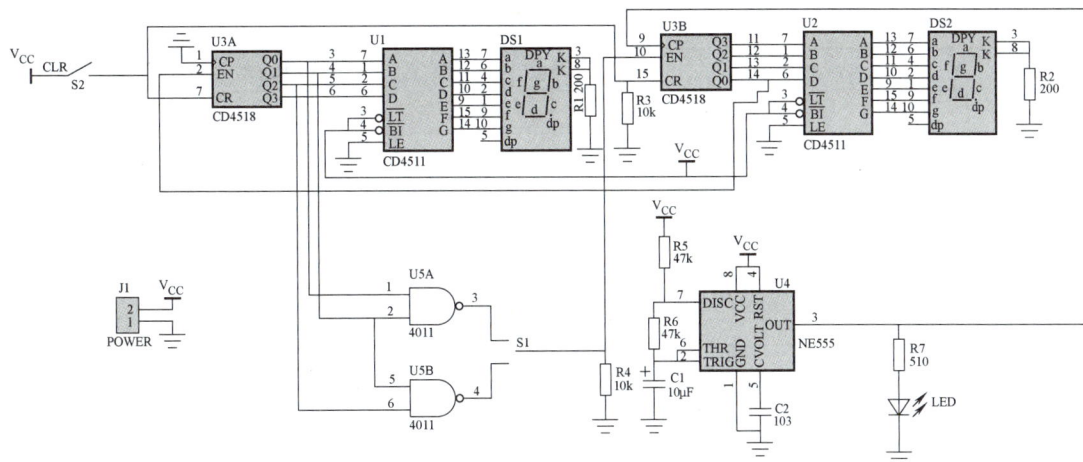

图 3-2-4 30～60s 计数器电路原理图

内含两个相同的计数器，每个计数器各有两个时钟输入端。CR 为计数器清零端，计数脉冲由 NE555 发出，计数器每收到一个脉冲则加 1。开关 S1 用于控制 30s 或 60s 显示。

■ 活动 1 元器件选择

正确认识电路所需元器件，核对数量，将元器件名称、电路符号和型号规格填写在表 3-2-10 中。

表 3-2-10 元器件选择记录表

代号	元器件名称	电路符号	型号规格
C1			
C2			
R1、R2			
R3、R4			
R5、R6			
R7			
LED			
DS1、DS2			
U1、U2			
U3			
U4			
U5			
S2			
S1			
J1			

■ 活动 2 元器件检测

用万用表对元器件进行质量检测，确保各元器件质量可靠。正确识读集成电路型号、引脚排列和数码管引脚排列。将检测结果填写在表 3-2-11 中。

表 3-2-11　元器件检测记录表

代号	介质	标称容量	测量值	耐压值	元器件作用
C1					
C2					

代号	色环排列顺序	标称值	测量值		元器件作用
R1					
R2					
R3					
R4					
R5					
R6					
R7					

代号	材料	管压降	元器件作用
LED			

代号	引脚示意图	元器件作用
DS1、DS2		
U1、U2		
U3		
U4		
U5		

■活动 3　电路组装

（1）安装　结合电路图及装配图，先将元器件引脚按电路板安装尺寸成形，后装入元器件，特别注意集成电路和数码管方向，发光二极管和电解电容正负极。电路安装遵循由小到大、由低到高、由里到外的原则，具体要求见表 3-2-12，并填写安装顺序号。

表 3-2-12　安装工艺及安装顺序号记录表

代号	安装工艺	安装顺序号
C2	立式安装,紧贴电路板	
C1	立式安装,紧贴电路板,注意正负极	

（续）

代号	安装工艺	安装顺序号
R1~R7	卧式安装，紧贴电路板	
LED	立式安装，引脚正确，安装高度以限位标识为准	
U1~U5	卧式安装，紧贴电路板，注意方向，有条件的情况下加装座子	
DS1、DS2	卧式安装，紧贴电路板，注意引脚	
S1、S2	卧式安装，紧贴电路板，注意方向	
J1	立式安装，紧贴电路板，连接孔朝外	

（2）焊接　焊接面有铜箔走线和圆形焊盘面，用"焊接五步法"焊接元器件。

（3）剪脚　用斜口钳剪掉元器件引脚多余部分，保留1~2mm的长度，注意不要齐根剪平。完成后的实物图如图3-2-5所示。

图 3-2-5　完成后的实物图

■活动4　调试与检测

通电前，先用直观检查法检查焊点之间有无虚焊、漏焊、短路，重点检查发光二极管和电解电容极性安装是否正确，集成电路和数码管方向是否正确，检查无误后再通电调试。

1）电路的总电流为＿＿＿＿＿＿＿＿＿＿＿。

2）当数码管显示"00"时，用万用表测量表3-2-13中数据并做记录。

表 3-2-13　电压测量表

测量点	U1										
	1	2	6	7	9	10	11	12	13	14	15
电压/V											

3）用示波器测量 U4 的 3 脚的电压波形参数，将结果填入表 3-2-14 中。

表 3-2-14　波形参数测量表（一）

U4 的 3 脚电压波形	垂直 坐标刻度 （VOLTS/DIV）	水平 坐标刻度 （TIME/DIV）	通道耦合 方式
	峰峰值 Vpp	频率	周期

4）用示波器测量 U2 的 7 脚电压波形参数，将结果填入表 3-2-15 中。

表 3-2-15　波形参数测量表（二）

U2 的 7 脚电压波形	垂直 坐标刻度 （VOLTS/DIV）	水平 坐标刻度 （TIME/DIV）	通道耦合 方式
	峰峰值 Vpp	频率	周期

5）用示波器测量 U3 的 2 脚电压波形参数，将结果填入表 3-2-16 中。

表 3-2-16　波形参数测量表（三）

U3 的 2 脚电压波形	垂直 坐标刻度 （VOLTS/DIV）	水平 坐标刻度 （TIME/DIV）	通道耦合 方式
	峰峰值 Vpp	频率	周期

【相关知识】

■知识 1 CD4518 简介

CD4518 是一个双 BCD 同步加法计数器，其引脚名称及功能见表 3-2-17。

表 3-2-17 CD4518 的引脚名称及功能表

引脚号	名称	功能	引脚号	名称	功能
1	1CP	时钟输入端	9	2CP	时钟输入端
2	1EN	计数允许控制端	10	2EN	计数允许控制端
3	1Q0	计数器输出端	11	2Q3	计数器输出端
4	1Q1		12	2Q2	
5	1Q2		13	2Q1	
6	1Q3		14	2Q0	
7	1CR	清零端	15	2CR	清零端
8	VSS	电源负	16	VDD	电源正

CD4518 内部含有两个独立的十进制计数单元，每个单元各有两个时钟输入端 CP 和 EN，其中 CP 为上升沿触发，EN 为下降沿触发。EN 作为时钟输入端时，CP 必须接地；CP 作为时钟输入端时，EN 必须接电源正。1CR 和 2CR 分别为两个计数器的清零端（高电平有效）。1Q0~1Q3 和 2Q0~2Q3 为计数器的 4 位输出端。其逻辑功能表见表 3-2-18。

表 3-2-18 CD4518 的逻辑功能表

输入			输出
CR	CP	EN	功能
L	↑	H	加计数
L	L	↓	加计数
L	↓	×	保持
L	×	↑	
L	↑	L	
L	H	↓	
H	×	×	清零

■知识 2 CD4511 简介

CD4511 是一片 CMOS BCD-锁存/七段译码/驱动器，也是用于驱动共阴极 LED（数码管）显示器的 BCD 码-七段码译码器。它具有 BCD 转换、消隐和锁存控制、七段译码及驱动功能的 CMOS 电路，能提供较大的拉电流，可直接驱动共阴极 LED 数码管。CD4511 的引脚名称及功能见表 3-2-19。

引脚号	名称	功能	引脚号	名称	功能
3	$\overline{LT}$	灯测试端,加高电平时,显示器正常显示,加低电平时,显示器一直显示数码"8",各笔段都被点亮,以检查显示器是否有故障	9	E	
4	$\overline{BI}$	输出消隐控制端,低电平时,所有笔段均消隐;正常显示时,BI 端应加高电平。另外 CD4511 有拒绝伪码的特点,当输入数据越过十进制数 9(1001)时,显示字形也自行消隐	10	D	数据输出端,可驱动共阴极 LED 数码管
7	A	二进制数据输入端,BCD 码输入,A0 为最低位	11	C	
1	B		12	B	
2	C		13	A	
6	D		14	G	
5	LE	数据锁定控制端,高电平时锁存,低电平时传输数据	15	F	
8	VSS	电源负	16	VDD	电源正

CD4511 的真值表见表 3-2-20。

输入							输出							显示
LE	$\overline{BI}$	$\overline{LT}$	D	C	B	A	A	B	C	D	E	F	G	
×	×	0	×	×	×	×	1	1	1	1	1	1	1	8
×	0	1	×	×	×	×	0	0	0	0	0	0	0	消隐
0	1	1	0	0	0	0	1	1	1	1	1	1	0	0
0	1	1	0	0	0	1	0	1	1	0	0	0	0	1
0	1	1	0	0	1	0	1	1	0	1	1	0	1	2
0	1	1	0	0	1	1	1	1	1	1	0	0	1	3
0	1	1	0	1	0	0	0	1	1	0	0	1	1	4
0	1	1	0	1	0	1	1	0	1	1	0	1	1	5
0	1	1	0	1	1	0	1	0	1	1	1	1	1	6
0	1	1	0	1	1	1	1	1	1	0	0	0	0	7
0	1	1	1	0	0	0	1	1	1	1	1	1	1	8
0	1	1	1	0	0	1	1	1	1	1	0	1	1	9
0	1	1	1	0	1	0	0	0	0	0	0	0	0	消隐
0	1	1	1	0	1	1	0	0	0	0	0	0	0	消隐
0	1	1	1	1	0	0	0	0	0	0	0	0	0	消隐
0	1	1	1	1	0	1	0	0	0	0	0	0	0	消隐
0	1	1	1	1	1	0	0	0	0	0	0	0	0	消隐
0	1	1	1	1	1	1	0	0	0	0	0	0	0	消隐
1	1	1	×	×	×	×	锁存							锁存

　　CD4511 和 CD4518 配合组成一位计数显示电路,若要多位计数,只需将计数器级联,

每级输出接一个 CD4511 和 LED 数码管即可。限流电阻要根据电源电压来选取，电源电压 5V 时可使用 300Ω 的限流电阻。

【实践拓展】

将电路改造成 50~90s 计数器，画出电路原理图并进行实际电路改造。

【任务评价】

30~60s 计数器电路的安装与调试评价表见表 3-2-21。

表 3-2-21　30~60s 计数器电路的安装与调试评价表

评价项目	配分	评价标准	评价记录
元器件选择	10 分	1. 能准确记录元器件名称、电路符号和型号规格，每错一处扣 1 分 2. 元器件电路符号记录不标准，每处扣 1 分	
元器件检测	20 分	1. 能熟练使用万用表对元器件进行检测，正确记录其参数、质量及作用，每错一处扣 1 分 2. 万用表使用不正确、不规范扣 2 分	
安装工艺	30 分	1. 元器件整形、插装、焊点、剪脚符合工艺要求，不符合的每处扣 1 分，正负极错误的每处扣 2 分 2. 能正确描述"焊接五步法"，每错一步扣 1 分 3. 焊接工具使用不规范扣 5 分	
调试与检测	30 分	1. 能熟练使用万用表、示波器测量电路的输入、输出电压，使用不正确、不规范扣 2 分 2. 能正确记录电路状态、输出电压、输入输出关系、波形图，每错一处扣 1 分 3. 功能异常一处扣 10 分 4. 电路出现电源短路、器件炸裂、冒烟等现象，扣 20 分	
职业素养	10 分	1. 遵守实训管理制度、安全操作规范。出现不遵守管理制度、操作不符合安全规范的行为每次扣 5 分，扣完为止 2. 爱惜实训设备和器材，任务完成后清理工位，整理工具设备，关闭实训台电源。设备及工具摆放杂乱扣 2 分，工位未清理扣 2 分，损坏仪器仪表扣 5 分，扣完为止	

项目3　NE555电路

任务1　NE555双色闪光灯电路的安装与调试

【任务描述】

本任务将制作一个 NE555 双色闪光灯电路。NE555 双色闪光灯电路由集成电路 NE555、4 个电阻、两个电容和两个发光二极管构成，通过集成电路 NE555 的 3 脚输出高低电平使得两个发光二极管交替发光。此电路为 NE555 集成电路的基本应用电路，对电路适当扩展可广泛用于各电子产品中。

【任务目标】

1. 能正确识读元器件参数。
2. 能用仪器仪表测量电路参数。
3. 能正确分析电路工作过程。
4. 能根据工艺要求组装与调试电路。

【职业素养】

1. 着装规范，安全操作，爱护设备。
2. 任务操作遵规守纪、精益求精。
3. 任务完成后规范整理工作台。

【实践操作】

NE555 双色闪光灯电路原理图如图 3-3-1 所示。电路可采用直流 4.5～12V 电源，电压越高 LED 越亮，通过改变 R2 的电阻值或 C1 的电容值可调整发光二极管的闪亮速度。

电路工作过程：电路刚接通电源时，由于电容 C1 还来不及充电，因此 NE555 第 2 脚为低电平，输出端 3 脚为高电平，发光二极管

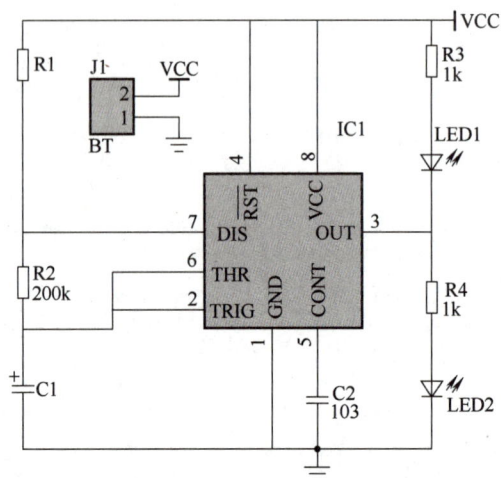

图 3-3-1　NE555 双色闪光灯电路原理图

158

LED1 不亮，LED2 两端加有正向电压而点亮。随着电源经过 R1、R2 对 C1 充电，C1 两端电压逐渐升高，当达到电源电压的 2/3 时，NE555 的 3 脚发生翻转，输出低电平，从而使 LED1 点亮，LED2 灭。此时，C1 通过 R2 和 NE555 内部的放电管放电，当 C1 电压放电至电源电压的 1/3 时触发低电平，NE555 的 3 脚再次发生翻转，LED1 灭，LED2 重新点亮，因此两个灯看起来在闪烁。

■活动 1 元器件选择

正确认识电路所需元件，核对数量，将元器件名称、电路符号和型号规格填写在表 3-3-1 中。

表 3-3-1 元器件选择记录表

代号	元器件名称	电路符号	型号规格
IC1			
C1			
C2			
R1			
R2			
R3、R4			
LED1、LED2			
J1			

■活动 2 元器件检测

用万用表对元器件进行质量检测，确保各元器件质量可靠。发光二极管、电解电容必须识读其正负极才能正确安装。将检测结果填写在表 3-3-2 中。

表 3-3-2 元器件检测记录表

代号	色环排列顺序	标称值	测量值	元器件作用	
R1					
R2					
R3					
R4					
代号	介质	标称容量	耐压值	测量值	元器件作用
C1					
C2					
代号	材料	管压降	元器件作用		
LED1					
LED2					

■活动 3 电路组装

（1）安装 结合电路图及装配图，先将元器件引脚按电路板安装尺寸成形，后装入元器件，特别注意集成电路方向，发光二极管和电解电容正负极。电路安装遵循由小到大、由低到高、由里到外的原则，具体要求见表 3-3-3，并填写安装顺序号。

表 3-3-3　安装工艺及安装顺序号记录表

代号	安装工艺	安装顺序号
IC1	卧式安装，方向正确，有条件的情况下加装座子	
C1	立式安装，正负极正确	
C2	立式安装	
R1~R4	卧式安装，紧贴电路板	
LED1、LED2	立式安装，正负极正确，安装高度以限位标识为准	
J1	立式安装，紧贴电路板，连接孔朝外	

（2）焊接　焊接面有铜箔走线和圆形焊盘面，用"焊接五步法"焊接元器件。

（3）剪脚　用斜口钳剪掉元器件引脚多余部分，保留 1~2mm 的长度，注意不要齐根剪平。完成后的实物图如图 3-3-2 所示。

图 3-3-2　完成后的实物图

■活动 4　调试与检测

通电前，先用直观检查法检查焊点之间有无虚焊、漏焊、短路，重点检查发光二极管和电解电容极性安装是否正确，集成电路方向是否正确。检查无误后再通电调试，正常情况下两个 LED 交替亮。

1）在 LED1 亮的瞬间用万用表测量表 3-3-4 中数据并做记录。

表 3-3-4　电压测量表（一）

测量点	IC1 的 3 脚电位	LED1 两端电压	LED2 两端电压	R3 两端电压	R4 两端电压
电压/V					

2）在 LED2 亮的瞬间用万用表测量表 3-3-5 中数据并做记录。

表 3-3-5　电压测量表（二）

测量点	IC1 的 3 脚电位	LED1 两端电压	LED2 两端电压	R3 两端电压	R4 两端电压
电压/V					

3）用示波器测量 IC1 的 2 脚电压波形参数，将结果填入表 3-3-6 中。

表 3-3-6　波形参数测量表（一）

IC1 的 2 脚电压波形	垂直 坐标刻度 （VOLTS/DIV）	水平 坐标刻度 （TIME/DIV）	通道耦合 方式
	峰峰值 Vpp	频率	周期

4）用示波器测量 IC1 的 3 脚电压波形参数，将结果填入表 3-3-7 中。

表 3-3-7　波形参数测量表（二）

IC1 的 3 脚电压波形	垂直 坐标刻度 （VOLTS/DIV）	水平 坐标刻度 （TIME/DIV）	通道耦合 方式
	峰峰值 Vpp	频率	周期

5）用示波器测量 IC1 的 7 脚电压波形参数，将结果填入表 3-3-8 中。

表 3-3-8　波形参数测量表（三）

IC1 的 7 脚电压波形	垂直 坐标刻度 （VOLTS/DIV）	水平 坐标刻度 （TIME/DIV）	通道耦合 方式
	峰峰值 Vpp	频率	周期

【相关知识】

■ 知识 1 NE555 简介

NE555 为 8 脚时基集成电路，具有体积小、稳定可靠、操作电源范围大、输出端供给电流能力强、计时准确度高、温度稳定度佳、价格便宜等优点。其内部结构示意图如图 3-3-3 所示。

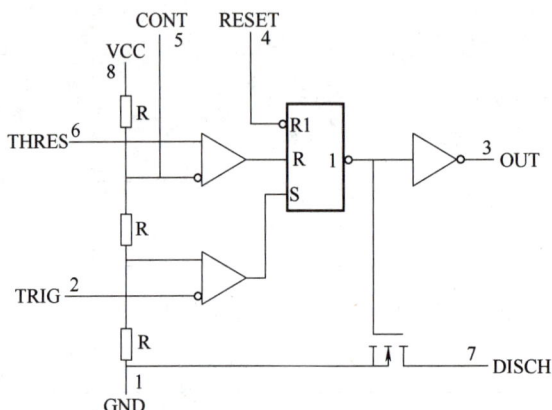

图 3-3-3 NE555 集成电路的内部结构示意图

NE555 的引脚名称及功能如表 3-3-9。

表 3-3-9 NE555 的引脚名称及功能

引脚号	名称	功能
1	GND（接地）	地线（或共同接地），通常被连接到电路共同接地
2	TRIG（触发点）	这个引脚接收外部触发信号来触发 NE555。触发信号上缘电压须大于 $2U_{CC}/3$，下缘电压须低于 $U_{CC}/3$
3	OUT（输出）	当时间周期开始时，NE555 的输出电压为比电源电压少 1.7 伏的高电平。当时间周期结束时，输出电压回到 0V 左右。高电平时的最大输出电流约为 200mA
4	RESET（重置）	一个低逻辑电位送至这个引脚时会重置计时器并使输出电压回到一个低电平。它通常被接到正电源或忽略不用
5	CONT（控制）	准许外部电压改变触发和闸限电压。当计时器工作在稳定或振荡的运作方式时，此输入能用来改变或调整输出频率
6	THRES（重置锁定）	重置锁定并使输出呈低电平。当这个引脚的电压从 $U_{CC}/3$ 以下移至 $2U_{CC}/3$ 以上时，启动这个动作
7	DISCH（放电）	和主要的输出引脚有相同的电流输出能力。当 3 脚为低电平时，7 脚对地为低阻态（对地导通）；当 3 脚为高电平时，7 脚对地为高阻态
8	VCC（电源）	NE555 计时器集成电路的电源正电压端。供应电压的范围是 4.5~16V

■ 知识 2 电路振荡周期 T 和振荡频率 f 的计算方法

$$T = t_{PH} + t_{PL} \approx 0.693(R_1 + 2R_2)C_1$$

$$f = 1/T \approx 1/[0.693(R_1 + 2R_2)C_1]$$

【实践拓展】

将电路图中的 R2 换成一个合适的电位器，做一做，看调节电位器会有什么效果。

【任务评价】

NE555 双色闪光灯电路的安装与调试评价表见表 3-3-10。

表 3-3-10　NE555 双色闪光灯电路的安装与调试评价表

评价项目	配分	评价标准	评价记录
元器件选择	10 分	1. 能准确记录元器件名称、电路符号和型号规格，每错一处扣 1 分 2. 元器件电路符号记录不标准，每处扣 1 分	
元器件检测	20 分	1. 能熟练使用万用表对元器件进行检测，正确记录其参数、质量及作用，每错一处扣 1 分 2. 万用表使用不正确、不规范扣 2 分	
安装工艺	30 分	1. 元器件整形、插装、焊点、剪脚符合工艺要求，不符合的每处扣 1 分，正负极错误的每处扣 2 分 2. 能正确描述"焊接五步法"，每错一步扣 1 分 3. 焊接工具使用不规范扣 5 分	
调试与检测	30 分	1. 能熟练使用万用表、示波器测量电路的输入、输出电压，使用不正确、不规范扣 2 分 2. 能正确记录电路状态、输出电压、输入输出关系、波形图，每错一处扣 1 分 3. 电路出现电源短路、元器件炸裂、冒烟等现象，扣 20 分	
职业素养	10 分	1. 遵守实训管理制度、安全操作规范。出现不遵守管理制度、操作不符合安全规范的行为每次扣 5 分，扣完为止 2. 爱惜实训设备和器材，任务完成后清理工位，整理工具设备，关闭实训台电源。设备及工具摆放杂乱扣 2 分，工位未清理扣 2 分，损坏仪器仪表扣 5 分，扣完为止	

任务 2　NE555+4017 贴片流水灯电路的安装与调试

【任务描述】

本任务将制作一个贴片流水灯电路。NE555+4017 贴片流水灯电路由时钟发生电路和十进制计数器电路构成，主要元器件有 NE555、CD4017、电阻、电容和发光二极管等。NE555 的 3 脚输出振荡脉冲作为 CD4017 工作的时钟脉冲，在时钟脉冲的作用下，十进制计数器 CD4017 开始计数，从 10 个输出端依次输出高电平并不断循环，10 个发光二极管被依次点亮。

【任务目标】

1. 能正确识读元器件参数。
2. 能用仪器仪表测量电路参数。
3. 能正确分析电路工作过程。
4. 能根据工艺要求组装与调试电路。

【职业素养】

1. 着装规范，安全操作，爱护设备。
2. 任务操作遵规守纪、精益求精。
3. 任务完成后规范整理工作台。

【实践操作】

NE555+4017 贴片流水灯电路原理图如图 3-3-4 所示。电路可采用直流 9V 电源，通过调节 R4 的阻值可改变发光二极管的流水速度。

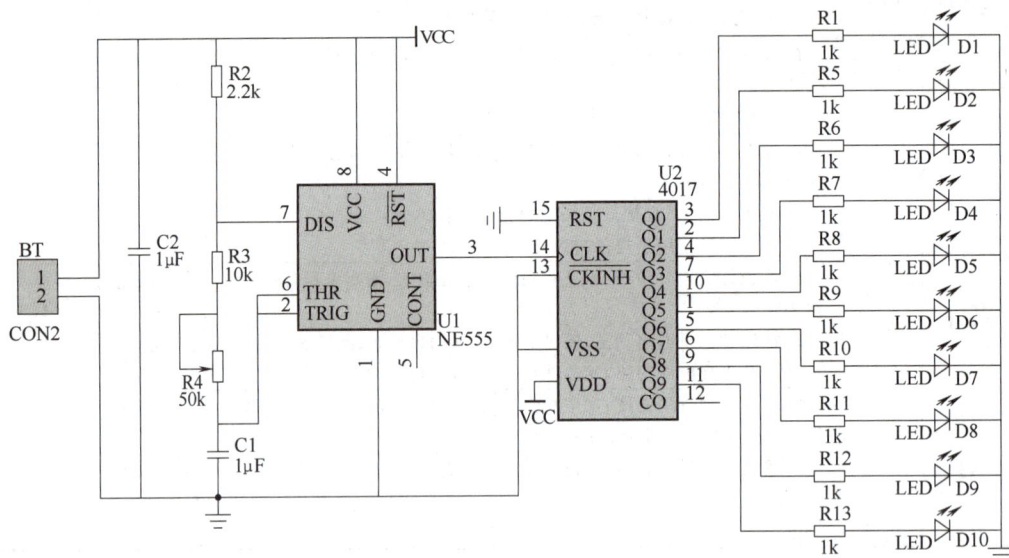

图 3-3-4　NE555+4017 贴片流水灯电路原理图

电路工作过程：NE555 时基电路组成振荡电路，电源通过电阻 R2、R3、R4 向电容 C1 充电，2、6 脚电压升高，当 2、6 脚电压升高到 $2U_{CC}/3$ 后，3 脚输出为低电平，7 脚对地呈低阻态，电容 C1 通过电位器和 7 脚对地放电，当放电致使 2、6 脚电压低于 $U_{CC}/3$ 时，3 脚输出为高电平，7 脚对地呈高阻态，U_{CC} 通过 R4 又开始对电容 C1 充电，周而复始。通过调节 R4 的阻值，可以改变电容充放电的时间，从而改变 3 脚输出脉冲的频率。从 NE555 的 3 脚输出的振荡脉冲作为 CD4017 工作的时钟脉冲，在时钟脉冲的作用下，十进制计数器 CD4017 开始计数，从 10 个输出端依次输出高电平并不断循环，10 个发光二极管被依次点亮。

■活动 1　元器件选择

正确认识电路所需元器件，核对数量，将元器件名称、电路符号和型号规格填写在表 3-3-11 中。

表 3-3-11　元器件选择记录表

代号	元器件名称	电路符号	型号规格
U1			

（续）

代号	元器件名称	电路符号	型号规格
U2			
C1、C2			
R1、R5～R13			
R2			
R3			
R4			
D1～D10			
BT			

■ 活动 2　元器件检测

用万用表对元器件进行质量检测，确保各元器件质量可靠。发光二极管、电解电容必须识读其正负极才能正确安装。将检测结果填写在表 3-3-12 中。

表 3-3-12　元器件检测记录表

代号	介质	标称容量	测量值	耐压值	元器件作用
C1					
C2					

代号	色环排列顺序	标称值	测量值		元器件作用
R1					
R2					
R3					
R4					
R5					
R6					
R7					
R8					
R9					
R10					
R11					
R12					
R13					

代号	材料	管压降	元器件作用
D1			
D2			
D3			
D4			

（续）

代号	材料	管压降	元器件作用
D5			
D6			
D7			
D8			
D9			
D10			

■活动 3　电路组装

（1）安装　结合电路图及装配图，先将元器件引脚按电路板安装尺寸成形，后装入元器件，特别注意集成电路方向，发光二极管和电解电容正负极。电路安装遵循由小到大、由低到高、由里到外的原则，具体要求见表 3-3-13，并填写安装顺序号。

表 3-3-13　安装工艺及安装顺序号记录表

代号	安装工艺	安装顺序号
U1	贴片安装,注意方向	
U2	贴片安装,注意方向	
C1、C2	贴片安装	
R1～R3、R5～R13	贴片安装	
R4	立式安装	
D1～D10	立式安装,正负极正确,安装高度以限位标识为准	
BT	立式安装,紧贴电路板,连接孔朝外	

（2）焊接　焊接面有铜箔走线和圆形焊盘面，用"焊接五步法"焊接元器件。

（3）剪脚　用斜口钳剪掉元器件引脚多余部分，保留 1～2mm 的长度，注意不要齐根剪平。完成后的实物图如图 3-3-5 所示。

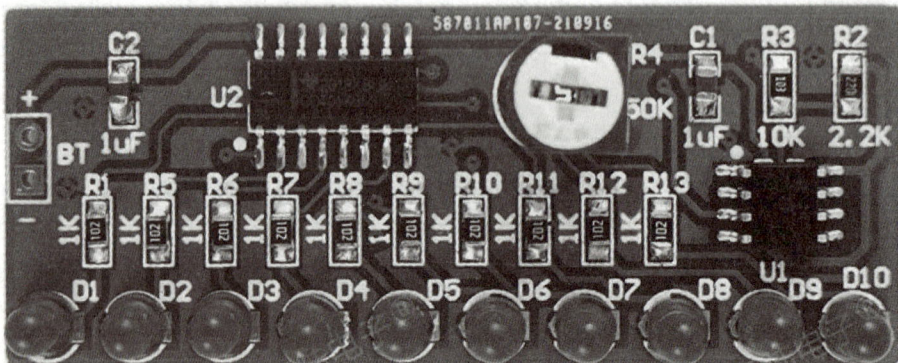

图 3-3-5　完成后的实物图

■活动4 调试与检测

通电前，先用直观检查法检查焊点之间有无虚焊、漏焊、短路，重点检查发光二极管和电解电容极性安装是否正确，集成电路方向是否正确。检查无误后再通电调试，正常情况下10个发光二极管被依次点亮，一直循环。

1）将流水速度调到最慢，在 D6 亮的瞬间用万用表测量表 3-3-14 中数据并做记录。

表 3-3-14　电压测量表

测量点	U2 的 1 脚电位	D6 两端电压	R9 两端电压	U1 的 7 脚最高电位	U1 的 7 脚最低电位	U1 的 2 脚最高电位	U1 的 2 脚最低电位
电压/V							

2）将流水速度调到最快，用示波器测量 U1 的 2 脚电压波形参数，将结果填入表 3-3-15 中。

表 3-3-15　波形参数测量表（一）

U1 的 2 脚电压波形	垂直坐标刻度（VOLTS/DIV）	水平坐标刻度（TIME/DIV）	通道耦合方式
	峰峰值 Vpp	频率	周期

3）用示波器测量 U1 的 3 脚电压波形参数，将结果填入表 3-3-16 中。

表 3-3-16　波形参数测量表（二）

U1 的 3 脚电压波形	垂直坐标刻度（VOLTS/DIV）	水平坐标刻度（TIME/DIV）	通道耦合方式
	峰峰值 Vpp	频率	周期

4）用示波器测量 U2 的 3 脚电压波形参数，将结果填入表 3-3-17 中。

表 3-3-17 波形参数测量表（三）

U2 的 3 脚电压波形				垂直坐标刻度（VOLTS/DIV）	水平坐标刻度（TIME/DIV）	通道耦合方式
				峰峰值 Vpp	频率	周期

【相关知识】

CD4017 是一种十进制计数器/脉冲分配器，具有 10 个译码输出端，电源电压范围为 3~15V。其引脚名称及功能见表 3-3-18，表 3-3-19 为 CD4017 的真值表。

表 3-3-18 CD4017 的引脚名称及功能

引脚号	引脚名称及功能
12	CO:进位脉冲输出端
14	CLK:时钟输入端
15	RST:清除端
13	$\overline{CKINH}$:禁止端
3、2、4、7、10、1、5、6、9、11	Q0~Q9:计数脉冲输出端
16	VDD:电源正
8	VSS:地

表 3-3-19 CD4017 的真值表

输入			输出	
CLK	$\overline{CKINH}$	RST	Q0~Q9	CO
×	×	1	Q0=1（复位）	计数脉冲为 Q0~Q4 时,CO=1 计数脉冲为 Q5~Q9 时,CO=0
↑	0	0	计数	
1	↓	0		
×	1	0	保持原来状态,禁止计数	
0	×	0	保持原来状态	
↓	×	0		
×	↑	0		

【实践拓展】

如果只有 6 个 LED，让这 6 个 LED 不间断循环点亮，如何改造？试画出原理图并对实际电路操作。

NE555+4017 贴片流水灯电路的安装与调试评价表见表 3-3-20。

表 3-3-20　NE555+4017 贴片流水灯电路的安装与调试评价表

评价项目	配分	评价标准	评价记录
元器件选择	10分	1. 能准确记录元器件名称及电路符号和型号规格,每错一处扣1分 2. 元器件电路符号记录不标准,每处扣1分	
元器件检测	20分	1. 能熟练使用万用表对元器件进行检测,正确记录其参数、质量及作用,每错一处扣1分 2. 万用表使用不正确、不规范扣2分	
安装工艺	30分	1. 元器件整形、插装、焊点、剪脚符合工艺要求,不符合的每处扣1分,正负极错误的每处扣2分 2. 能正确描述"焊接五步法",每错一步扣1分 3. 焊接工具使用不规范扣5分	
调试与检测	30分	1. 能熟练使用万用表、示波器测量电路的输入、输出电压,使用不正确、不规范扣2分 2. 能正确记录电路状态、输出电压、输入输出关系、波形图,每错一处扣1分 3. 电路出现电源短路、元器件炸裂、冒烟等现象,扣20分	
职业素养	10分	1. 遵守实训管理制度、安全操作规范。出现不遵守管理制度、操作不符合安全规范的行为每次扣5分,扣完为止 2. 爱惜实训设备和器材,任务完成后清理工位,整理工具设备,关闭实训台电源。设备及工具摆放杂乱扣2分,工位未清理扣2分,损坏仪器仪表扣5分,扣完为止	

任务3　8路抢答器电路的安装与调试

【任务描述】

本任务将制作一个 8 路抢答器电路。8 路抢答器电路可同时进行 8 路优先抢答。按键按下后,蜂鸣器发声,同时(数码管)显示优先抢答者的号数,抢答成功后,再按按键,显示不会改变,除非按下复位键。复位后,显示清零,可继续抢答。NE555 及外围电路组成抢答器声响电路。整个电路可以采用直流 7.5~9V 供电。

【任务目标】

1. 能正确识读元器件参数。
2. 能用仪器仪表测量电路参数。
3. 能正确分析电路工作过程。
4. 能根据工艺要求组装与调试电路。

【职业素养】

1. 着装规范,安全操作,爱护设备。

2. 任务操作遵规守纪、精益求精。

3. 任务完成后规范整理工作台。

【实践操作】

8 路抢答器电路原理图如图 3-3-6 所示。

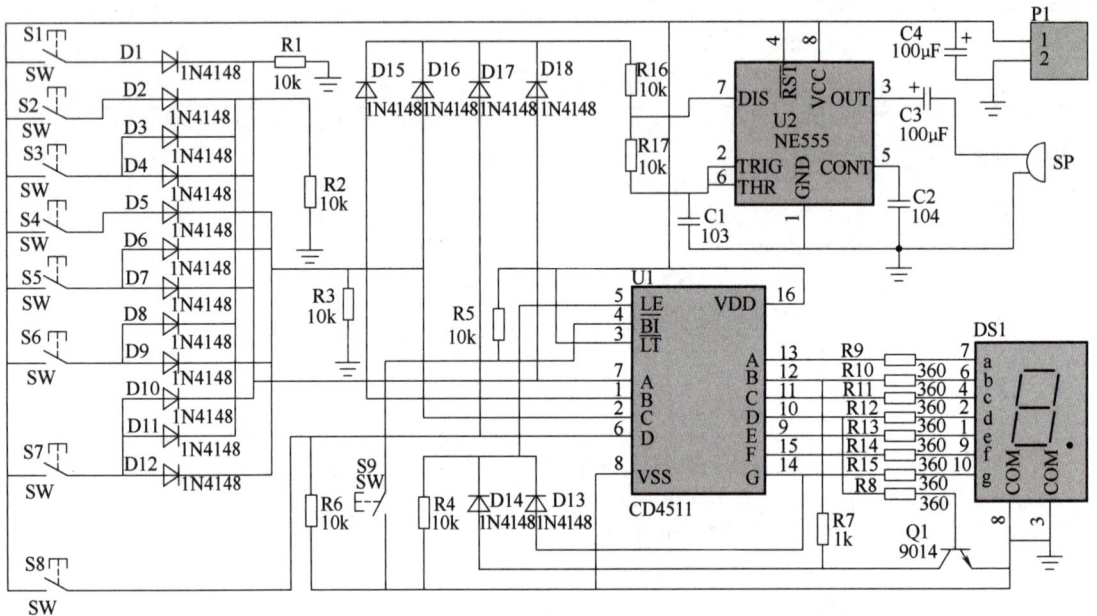

图 3-3-6　8 路抢答器电路原理图

电路工作过程：S1~S8 为抢答键，S9 为复位键，当有任一按键按下后，数码管显示对应数字，蜂鸣器发声。以按下 S2 为例，当 S2 按下，U1 的 1 脚变为高电平，根据 U1 的特性得出 A、B、D、E、G 输出高电平，数码管显示 2，此时 D13 导通，U1 的 5 脚为高电平，电路被锁存，此时按其余按键没有反应；同时，D15 导通，U2 的 7 脚收到脉冲，触发 U2 及外围电路构成的声响电路发声。按下 S9，使得 U2 的 4 脚变为低电平，电路再次回到抢答状态。其余按键工作过程相似。

■活动 1　元器件选择

正确认识电路所需元器件，核对数量，将元器件名称、电路符号和型号规格填写在表 3-3-21 中。

表 3-3-21　元器件选择记录表

代号	元器件名称	电路符号	型号规格
C1			
C2			
C3、C4			
R7			
R1~R6、R16、R17			

（续）

代号	元器件名称	电路符号	型号规格
R8~R15			
Q1			
SP			
U1			
U2			
D1~D18			
DS1			
S1~S9			
P1			

■活动 2　元器件检测

用万用表对元器件进行质量检测，确保各元器件质量可靠。二极管、蜂鸣器、电解电容必须识读其正负极才能正确安装。将检测结果填写在表 3-3-22 中。

表 3-3-22　元器件检测记录表

代号	介质	标称容量	测量值	耐压值	元器件作用
C1					
C2					
C3					
C4					

代号	色环排列顺序	标称值	测量值	元器件作用
R1				
R2				
R3				
R4				
R5				
R6				
R7				
R8				
R9				
R10				
R11				
R12				
R13				
R14				
R15				
R16				
R17				

（续）

代号	材料	管压降	元器件作用
D1			
D2			
D3			
D4			
D5			
D6			
D7			
D8			
D9			
D10			
D11			
D12			
D13			
D14			
D15			
D16			
D17			
D18			

代号	引脚示意图	元器件作用
DS1		

■活动 3　电路组装

（1）安装　结合电路图及装配图，先将元器件引脚按电路板安装尺寸成形，后装入元器件，特别注意集成电路和数码管方向，二极管、蜂鸣器和电解电容正负极。电路安装遵循由小到大、由低到高、由里到外的原则，具体要求见表3-3-23，并填写安装顺序号。

表 3-3-23　安装工艺及安装顺序号记录表

代号	安装工艺	安装顺序号
C1、C2	立式安装,紧贴电路板	
C3、C4	立式安装,紧贴电路板,注意正负极	
R1~R17	卧式安装,紧贴电路板	
Q1	立式安装,引脚正确,安装高度以限位标识为准	
SP	立式安装,紧贴电路板,注意正负极	
U1、U2	卧式安装,紧贴电路板,注意方向,有条件的情况下加装座子	

（续）

代号	安装工艺	安装顺序号
D1~D18	卧式安装,紧贴电路板,注意正负极	
DS1	卧式安装,紧贴电路板,注意引脚	
S1~S9	卧式安装,紧贴电路板,注意方向	
P1	立式安装,紧贴电路板,连接孔朝外	

（2）焊接 焊接面有铜箔走线和圆形焊盘面,用"焊接五步法"焊接元器件。

（3）剪脚 用斜口钳剪掉元器件引脚多余部分,保留 1~2mm 的长度,注意不要齐根剪平。完成后的实物图如图 3-3-7 所示。

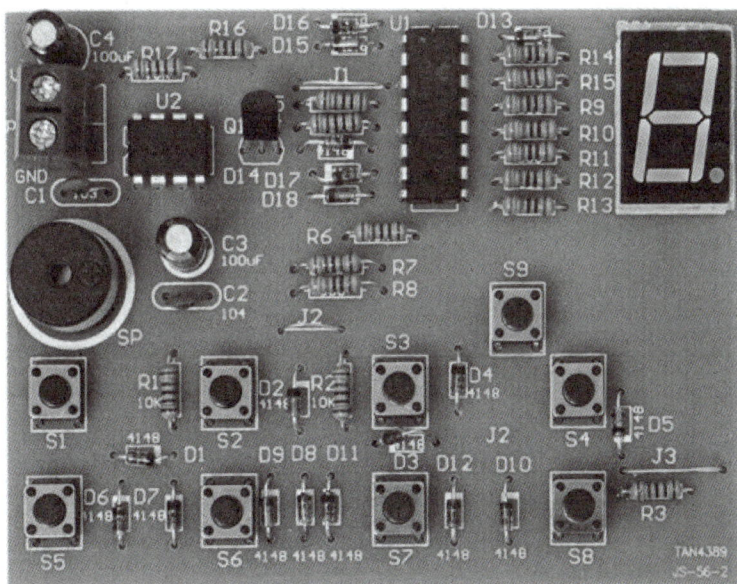

图 3-3-7 完成后的实物图

■活动4 调试与检测

通电前,先用直观检查法检查焊点之间有无虚焊、漏焊、短路,重点检查二极管、蜂鸣器和电解电容极性安装是否正确,集成电路和数码管方向是否正确。检查无误后再通电调试。按键按下后,蜂鸣器发声,数码管显示优先抢答者的号数,抢答成功后,再按按键,显示不会改变。按下 S9 复位后,显示清零,可继续抢答。

1）电路的总电流为_____。

2）按下 S2 后,数码管显示 2 时,用万用表测量表 3-3-24 中数据并做记录。

表 3-3-24 电压测量表（一）

测量点	U1										
	1	2	6	7	9	10	11	12	13	14	15
电压/V											

3）按下 S7 后，数码管显示 7 时，用万用表测量表 3-3-25 中数据并做记录。

表 3-3-25　电压测量表（二）

测量点	U1										
	1	2	6	7	9	10	11	12	13	14	15
电压/V											

4）按下 S3 后，数码管显示 3 时，用示波器测量 U2 的 3 脚电压波形参数，将结果填入表 3-3-26 中。

表 3-3-26　波形参数测量表（一）

U2 的 3 脚电压波形	垂直坐标刻度（VOLTS/DIV）	水平坐标刻度（TIME/DIV）	通道耦合方式
	峰峰值 Vpp	频率	周期

5）用示波器测量 U1 的 3 脚电压波形参数，将结果填入表 3-3-27 中。

表 3-3-27　波形参数测量表（二）

U1 的 3 脚电压波形	垂直坐标刻度（VOLTS/DIV）	水平坐标刻度（TIME/DIV）	通道耦合方式
	峰峰值 Vpp	频率	周期

【实践拓展】

1）电路中 D16 装反了电路会出现什么状况？分析说明并实际操作验证一番。
2）电路中 D13 装反了电路会出现什么状况？分析说明并实际操作验证一番。

【任务评价】

8 路抢答器电路的安装与调试评价表见表 3-3-28。

表 3-3-28　8 路抢答器电路的安装与调试评价表

评价项目	配分	评价标准	评价记录
元器件选择	10 分	1. 能准确记录元器件名称、电路符号和型号规格,每错一处扣 1 分 2. 元器件电路符号记录不标准,每处扣 1 分	
元器件检测	20 分	1. 能熟练使用万用表对元器件进行检测,正确记录其参数、质量及作用,每错一处扣 1 分 2. 万用表使用不正确、不规范扣 2 分	
安装工艺	30 分	1. 元器件整形、插装、焊点、剪脚符合工艺要求,不符合的每处扣 1 分,正负极错误的每处扣 2 分 2. 能正确描述"焊接五步法",每错一步扣 1 分 3. 焊接工具使用不规范扣 5 分	
调试与检测	30 分	1. 能熟练使用万用表、示波器测量电路的输入、输出电压,使用不正确、不规范扣 2 分 2. 能正确记录电路状态、输出电压、输入输出关系、波形图,每错一处扣 1 分 3. 电路出现电源短路、元器件炸裂、冒烟等现象,扣 20 分	
职业素养	10 分	1. 遵守实训管理制度、安全操作规范。出现不遵守管理制度、操作不符合安全规范的行为每次扣 5 分,扣完为止 2. 爱惜实训设备和器材,任务完成后清理工位,整理工具设备,关闭实训台电源。设备及工具摆放杂乱扣 2 分,工位未清理扣 2 分,损坏仪器仪表扣 5 分,扣完为止	

参 考 文 献

［1］ 孙丽霞. 数字电子技术［M］. 2 版. 北京：高等教育出版社，2010.

［2］ 舒伟红. 电子技术基础与实践［M］. 北京：科学出版社，2007.

［3］ 崔陵. 电子基本电路安装与测试［M］. 北京：高等教育出版社，2012.

［4］ 陈振源. 电子技术基础［M］. 2 版. 北京：高等教育出版社，2006.

［5］ 杨少妹，周秀梅. 电子技术基础与技能［M］. 北京：人民交通出版社，2017.